藁《わら》を手に旅に出よう

“伝説の人事部長”による「働き方」の教室

荒木博行

文藝春秋

藁を手に旅に出よう

プロローグ

「大きくなったら何になりたい？」

僕は小さい頃から、大人から聞かれるこの質問がキライだった。

初めは「サッカー選手」とか適当に答えてごまかしていた時もあった。

でも、中学生になり部活が始まれば、「夢はサッカー選手です」なんて語っていられる人は、真の実力者か、もしくは単なる世間知らずだろう。

そして、僕は人並みに「サッカー選手」の夢を卒業し、そして夢迷子になった。

それでもなぜか、この問いはいつまでも僕を追いかけ続ける。

高校の入学時の自己紹介でも、親戚と久しぶりに会った時でも——。大人はなぜか僕に対して「何になりたいんだ」と無邪気に聞いてきた。

どうせ大した興味もないくせに——しかも結局はほとんどみんなサラリーマンになるくせに——こんな意味のないことを語らせてどうする！

この質問を受けるたびに、僕の気持ちにはさざなみが立った。

ただ、そんな呑気なことを言っていられたのは、大学3年の夏までだった。

「あなたは何になりたいのか？」という質問は、急に「どの業界にいくのか？」「どの企業を志望するのか？」という超リアルな問いに変わった。

今までこの質問からひたすら逃げてきた僕も、とうとうエントリーシートという敵を目の前にして、戦う覚悟を決めた。

しかし……。

僕には相変わらずやりたいことが見つからなかった。言葉を捻り出そうにも出てこない。同学年の賢そうな連中が、「世の中を変えたい」みたいなことをエントリーシートに書いているのを見て、心底驚いた。「こいつらは本気でこんな大それたことを考えているのか。それとも嘘でこういう言葉を使えるのか……」。どちらにしても驚きと、そして埋めがたい溝を感じていた。

かと言って、「アホくさい、やーめた！」と就職活動を放棄するほど図太くもない。そんな中途半端な気持ちで始めた就職活動は、地味な中堅企業への内定という形で、中途半端に終わった。

なぜその会社に決めたのか、と言われたら、「幸運にも内定をもらえた企業の中で、一番まともそうだったから」としか言えない。法人向けのビジネスをしている会社なので一般的な知名度はそれほど高くなく、僕自身、就職活動をするまで知らなかった。

そんな状況でも僕が「まともそうだ」と感じた理由は、この会社が人材育成に対してとても熱心だという評判を社内外から聞けたことにある。特にこの会社の「人を成長させる」という評判は、ＯＢ訪問を通じて何度も聞くことができた。

ひょっとしたら僕みたいな取り柄のない人材でも成長させてくれるかもしれない――。そんな

御社の
志望理由は…
ん～

理由もあって、僕はこの会社を選んだのだ。

しかし、こうして社会人スタートまでの自分の半生を振り返ってみると、語るべきことのない薄っぺらな人生だと感じざるを得ない。勉強もそこそこ、愛想も人並み、コミュニケーション力にも自信なし。こんな特徴のない僕が社会人となり、人の役に立つことができるのだろうか。いや、その前に、人の足を引っ張ることがなく、ちゃんと仕事ができるのだろうか。

そんな怯えに近い感情を胸に秘めながら、僕は4月1日からスタートする新人研修に参加した。

そして、僕は新人研修を通じて、この「人を成長させる」という評判に嘘がなかったことに気づくのだった。

主な登場人物

石川さん
人事部長

サカモト
主人公

ヤマダ
お調子もの

ナガサワ
ストレートタイプ

カザマ
真面目で表面的

ミズノ
優等生

目次

藁を手に旅に出よう

〝伝説の人事部長〟による「働き方」の教室

Session

1

亀が戦略的に
うさぎに
勝つ日

「人事部の石川です。今日から毎週1時間、この研修の講師を務めます。どうぞよろしくお願いします」

1ヶ月半続く新人研修。どうやら毎週金曜日、最後の1時間は人事部の石川部長の時間らしい。まじか……。

研修プログラムには「人事部」としか書かれていなかったので、事務的なアナウンスで終わりかと思っていた。

入社してから1週間。あまりにも長い1週間だった。名刺交換のマナーに始まり、電話の受け方、文書の書き方、飲み会でのルールなど、新しく覚えることが盛り沢山で、金曜のこの時間帯まで座っていられたのが不思議なくらいだ。もう今週のプログラムは終了のつもりだった僕にとって、「人事部長」という肩書きの人物の今更の登場はちょっと重たい。おそらく会場内にいる同期のみんなも同じ心境のはずだ。ざっとみんなの顔を見渡しても、疲労感が漂う。

しかし、石川さんはどんな人物なのだろうか。さすがに人事部長だけあって、内定者時代に石川さんの姿を何度か見かける機会はあった。そのクールでどこかミステリアスな姿に、疲労感を覚えつつも興味をかき立てられた。

しかし、そんな僕の気持ちには関係なく石川さんは話し始めた。

「私からはこの1ヶ月半の研修期間で、6回ほどお時間をもらって話す機会があります。毎週1回、この時間帯ですね」

ベーシックな白シャツにタイトスカートという服装。そして、ハキハキとしながらも、どこか柔らかさを感じさせる口調。石川さんが話し始めて、会場内にほどよい緊張感が流れ始めた。

「で、私から何を話すかというと――『寓話』です」

寓話……？

その予想外の言葉に、みんな石川さんの次の言葉を待った。

「そう、寓話。イソップ童話とか日本昔話とかですね」

微笑みを浮かべながら話す石川さんの発言に、みんなの頭にクエスチョンマークが見える。僕もよく意味がわからなかった。

「皆さん、不思議そうな顔してますね。いきなり寓話なんて言葉が出てきたら、そりゃ面食らうでしょう。もちろん、大の大人が改めて寓話を学ぼうというわけではないから安心してください。あくまでも気づきの入り口として使うだけ。でも、入り口って意外と大切なの。金曜の夕方のこの時間に人事部長からいきなりつまらない説教を聞かされたら、どう？　残り1時間、じっと時間が過ぎゆくのを待つだけですよね」

みんな言葉を発することなく頷いた。

「要するに、楽しく学びましょってことですね」

石川さんはにっこり微笑んだが、この手の微笑みは怖いということを僕は本能的に感じ取っていた。

「さて、では今日は『うさぎと亀』を題材にしてみましょうか」

寓話と言われてはいたが、新人研修で、しかも人事部長から『うさぎと亀』という単語を耳にすることを予想していなかった。

みんなも石川さんのキャラを把握できていない中で、この先の展開が読めておらず、まだ落ち着かない様子だ。

「みんなも知っているうさぎが亀に負けちゃうってやつですね」

みんなの動揺をよそに、微笑みを浮かべながら、石川さんは周りを見渡した。

「ヤマダさんはあの話から何を学びましたか？」

「え、何をって……。まあそりゃ途中で寝ちゃダメだろっていうか……。ねぇ」

僕も含めてみんなそのバカらしい回答に笑った。

同期とはいえどもまだ1週間程度の関係。しかし、ヤマダは同期の中でも明確にキャラ立ちしていた。一言で言えば「アホなキャラ」で、その隙だらけの様子はどこか笑いを誘う。

石川さんもおそらくそのキャラを見越してヤマダを当てたのだろう。ヤマダの答えにちょっとだけ微笑みつつ、鋭く問い返した。

「なるほどね、それだけ？」

「いや、やっぱり勝負は最後までわからないから、油断をしてはならないってことですよね。亀のように愚直が大事っす」

『うさぎと亀』の気づきは何か?

「そう……」

ヤマダのドヤ顔は、石川さんの興味なさそうな表情によってすぐかき消された。

「もちろん、最後まで諦めちゃダメだというのはその通りかもしれませんね。でもこの話にはそんなことよりも100倍大切なメッセージが隠されています。わからない？」

はて……『うさぎと亀』の隠れたメッセージって何だろう？　シンプルすぎるストーリーで、子供の頃に聞いただけの話だから、それ以上深く考えたことがなかった。

「じゃあ、サカモトさん」

ちょっと考え始めた表情を見せた僕を石川さんは指名した。

「そもそもこのレースがなぜ行われたのでしょうね？　知ってます？」

「なぜ……。え、あ、確か亀がうさぎから足の遅さをバカにされたんでしたっけ？」

「そう、その通り。だから、ムキになってレースの勝負を申し込んだってわけですね。でも、亀にはその時に勝つ見込みがあったのでしょうか？」

確かに、その通りだ。冷静に考えてみれば結果的には亀が勝ったけど、単にうさぎが自滅しただけと言えなくもない。

「うさぎが油断したのはダメで、亀が諦めずに最後まで頑張ったのは立派。それはそうだけど、この話はそんな話で片付けてしまってはもったいない」

僕も含めてみんなさっきまで「週末モード」に入りかけていたはずなのに、表情が変わり始めたのがわかる。役に立たなそうな、ありがたいだけの訓話よりもよっぽど面白そうだ。

「じゃあサカモトさんが亀だったらどうする？　圧倒的に足の速いうさぎが目の前にいます。想像してみて」

食いつき始めた僕に、石川さんがさらなる問いを重ねてきた。石川さんはどんな答えを求めているんだろう？　ここで外した答えを出したくない。

「僕が亀だったら——そんな挑発には乗りません」

「ふーん。それで？」

「……もし戦うなら、少なくとも自分に勝ち目がある勝負を挑みます」

「たとえば？」

表情が読めない。

「たとえば——水中でどれだけ長い間潜れるか？とかですかね」

「俺なら長生き勝負だな。うさぎには負けないぞ」

横からヤマダが軽口を叩くが、笑いをこらえた。

「そうよね。少なくとも相手が得意なかけっこで勝負を挑むなんて一番やってはいけないこと。自分の強みや弱みを見失ってはダメですね」

ここで唐突にナガサワが甲高い声で口を挟んできた。ナガサワは何でも思ったことを言うストレートな女性だ。

「でも、亀はうさぎに足の遅さをバカにされて腹を立てたのだから、潜水競争をしても仕方ないじゃないですか。しかも、うさぎだってバカじゃないから潜水の勝負なんて乗ってこないですよ」

ナガサワは早口でまくし立てる。

「そう考えると、亀はうさぎの油断しやすい性格をよく理解した上で、敢えてかけっこ勝負を挑んだってことではないでしょうか？」

ナガサワの発言は一理ある。

「そうね、その可能性は十分あり得る。でも、それで勝つ可能性はどれくらいなのでしょう？」

石川さんはみんなが議論に参加し始めたのを喜んでいる様子だ。

「いくら油断してたからって、勝負の最中にあれだけ寝ちゃうって、実はかなりあり得ない話だよな」

相変わらずヤマダはうるさい。

「そう。本来はかなり分の悪いギャンブルのはず。亀は１００回に1回あるかないかの勝負に勝ったの。でも、私たちはそのギャンブルで勝った話をありがたく受け取ってしまってよいのでしょうか？」

「確かにそうとも言えます。でも石川部長が亀だったらどうなさったとおっしゃるんですか？」

ナガサワはまだエキサイトしているようだ。

「まず私のことは、『石川部長』ではなくて『石川さん』って呼んでください。肩書きにあまり意味はありませんから。そして、答えを私に求めちゃダメでしょ。それを考える場なんだから、ここは」

石川さんのピシッとした物言いに空気が一瞬凍った。

僕は改めて亀の立場に立ってみた。

挑発するうさぎ。カッとする亀――。

「あの、そもそも戦わなきゃいいんじゃないですかね。スルーしていればこれだけ分の悪いギャンブルに臨まなくても良かったわけで……」

僕はシンプルに考えたことを口にしてみた。

石川さんの表情に柔らかな変化が見える。

「そうね。短期的な感情に囚われて勝負を挑んだという時点で、亀の負けだったのかもしれませんね。たまたま勝ったから良かったものの」

「……でもね。こういうことってよくあるんです。一時的な感情に負けて、後先考えない戦いに挑んじゃうことって」

石川さんの話に徐々に力がこもり始めた。

「そして、そこで一時的な感情で決めてしまったことで、長く不毛な戦いをしなくてはならないことって――実はたくさんあるんです。まるで亀が延々と続く、勝ち目のない道のりを歩むように」

僕の頭は、勝負に乗ってしまったことを後悔しながら山道を歩く亀に憑依していた。確かに自分だったら絶対に少し前の自分の意思決定を悔やんでいるはずだ。

「このうさぎと亀の戦いみたいに、個人同士の短期的な勝負だったらまだいい。悲惨なのは、組織同士の長期的な勝負です。偉い人たちが勝手に勝ち目のない勝負に挑んで、そのまま従わざるを得ない下っ端の気持ちを想像してみて。これはもう犯罪とも言えるレベルなんです」

石川さんは強い言葉を使うが、顔には微笑みを浮かべている。だからこそ、その言葉に異様な力が宿るような気がする。

「でもね、そんな偉い人に限って、亀のように地道に歩くことの重要性を語ったりするんです……皮肉なことにね」

僕は亀になったつもりでこの話を聞いていた。

「この話はうさぎと亀の私的な勝負だから軽く語れるんです。でも企業の意思決定はそういうものじゃない。勝てない勝負には乗っちゃダメ。だからこそ、私たちは今から、戦略的に物事を考える、ということを学んでいかなきゃいけません」

石川さんは周りを見渡しながら、ゆっくりとしたトーンに切り替えた。

「『戦略的』って言葉、これからよく耳にするだろうから、ここで覚えておいてください」

勝負にならないんですけど〜！
チクショー！なんでオレはこんな勝負を!!
オレのバカ〜

意思決定には一時的な感情に負けず、長期的視点を取り入れる

石川さんは後ろを振り向き、ホワイトボードのペンを取る。

「戦略的って言葉の意味には二つの要素があります。一つは考える時間軸の長さ。もう一つは考える論点の多さ。つまり長い視点に立って、多くの論点を取り入れながら総合的な判断をしなきゃダメってこと」

石川さんはホワイトボードに二つの軸を書き、横軸に時間軸、縦軸に論点という言葉を添え、右上の象限に『戦略的』と書き入れた。

「この対極にある左下に入る言葉はわかる？」

「えっと、俺のことですね」

みんな爆笑する。ヤマダはこういう反応は速い。

「そう、つまり、『短絡的』ってことね」

石川さんも笑いながら返す。

石川さんはホワイトボードに『短絡的』という文字を書き込んでいく。

「短絡的とは短い時間軸でしか考慮せずに一つの論点だけで結論を出してしまうこと。そして、亀がどこに入るかはわかりますね？」

石川さんは笑いながらヤマダを見つめる。

「そう、ヤマダさんと同じで『短絡的』ゾーンですね。だって後先のことを考えずに、自分の感情を満足させるだけの目的でレースのことを決めたのだから」

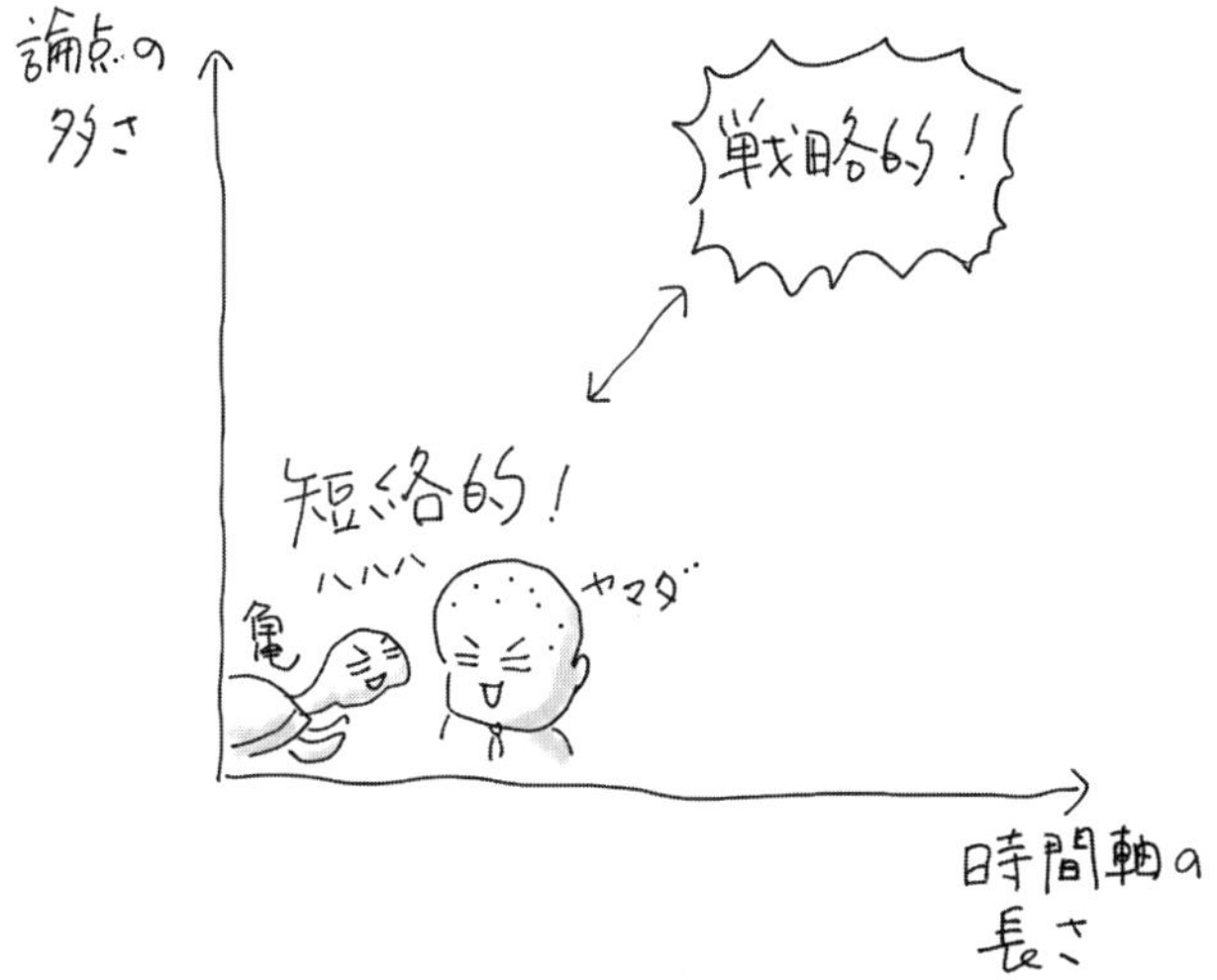

戦略的な意思決定とは、長期的な視点に立ち、多くの論点を含めて総合的に決めること

石川さんはそんなことを語りながら、その開いているスペースにイラストをサラサラッと書き込んでいる。

亀とヤマダが笑っている表情に、みんなの顔も綻んだ。

「そして、みんなのキャリアも同じこと。戦略的に考えなきゃダメなんです」

唐突に出てきた「キャリア」という言葉に、僕は亀のストーリーから現実に戻された気がした。

「たとえば——ナガサワさんはどんな配属を希望してるのですか?」

いきなり人事部長から「配属」という関心度の高い質問をされるナガサワに、みんなの視線が集まる。

「え、いやまだそれは……」

不意を食らったナガサワはさっきの好戦的な態度とは裏腹に、頭の中で必死に言葉を選んでいる様子だ。

「一つ言っておきます。配属はあなたの人生を決める」

ストレートな言い切りに時が止まった気がした。

どこに配属の希望を出すかは悩みのタネではあった。でも、結局は希望通りにならないという話も聞いていたから、むしろ『人事のプロ』に決めてもらおうという気持ちの方が強かった。

「希望通りになるわけではない。だから何を言っても同じ……。ひょっとしたらそう考えている人もいるのかもしれませんね」

と言いながら、石川さんは鋭く僕の目を見た――ような気がした。

「希望通りにならない可能性があるのは確かにその通り。でもね、ここでどれだけ『戦略的』に考えたか、考えようとしたかが大事なんです。こういう大事なところで知恵を絞らなかった結果、その後の行程で不利な状況に陥ってしまい、涙ぐましい努力をする……。そんなのって果たして美談ですか？」

石川さんはまたホワイトボードに向かった。

「努力って言葉にも二つの意味があります」

石川さんは書きながら話を進める。

「どのフィールドで頑張るかを戦略的に考える努力。そして、実際にそのフィールドで行う努力。努力って言うと、二つ目の努力ばかりにフォーカスが当たるけれど、最初の努力の方がずっと重要なんです。実力が活かせないところで努力しても……もったいないでしょ？」

石川さんのメッセージは一般論でもあり、そして配属面談を前にした僕にとっては『配属先を真剣に考えろ』という具体論でもある。

「仕事の得意不得意なんて、やらなきゃわからない。それはその通り。でもやる前に考えられる

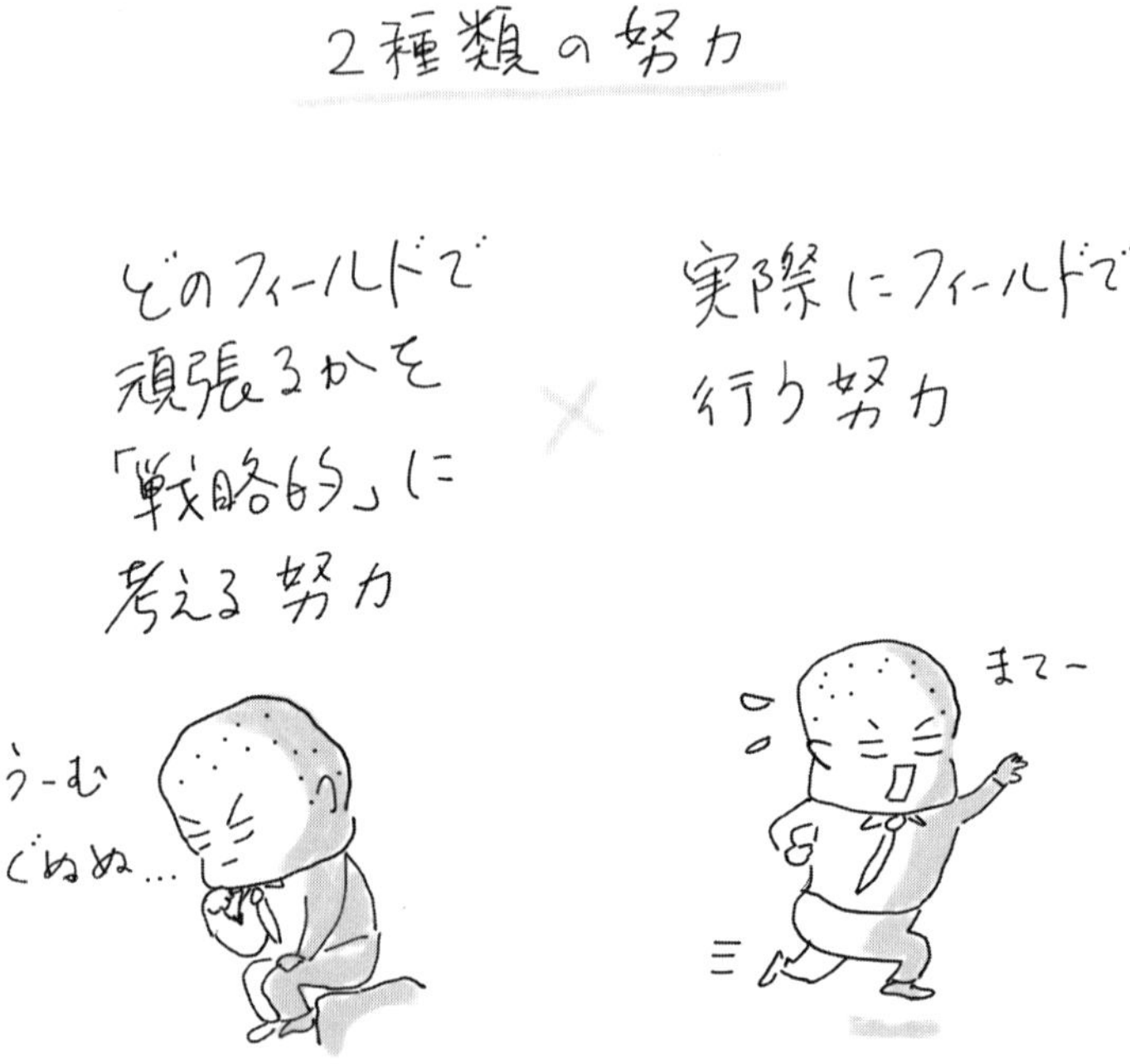
2種類の努力
どのフィールドで
頑張るかを
「戦略的」に
考える努力
×
実際にフィールドで
行う努力
うーむ
ぐぬぬ…
まてー

汗をかいて頑張ることだけが努力ではない。その前段階での「戦略的に考え抜くこと」も努力なのだ

ことはたくさんあるはず。こういう大事なところで考えることを放棄して、適性のない仕事でひたむきに努力することは決して美談ではありません」

石川さんは相変わらず微笑みを浮かべたまま、厳しい一言を放った。会場全体に、石川さんの言葉が浸透していく。

「この『うさぎと亀』のような話を、愚直に努力する美徳として受け入れてしまってはダメ。むしろ、今のみんなはこの亀を『フィールドを選ばずうさぎに勝負を挑んだ愚かな姿』として覚えておくべきかもしれません」

「さて、皆さんはどんなフィールドで勝負したいですか？」

石川さんが急にトーンを変えて問いかける。

この問いかけは、僕たちに何か答えを求めているのかどうかわからなかった。

みんなは黙って石川さんの次の発言を待った。

一瞬、室内は水を打ったように静まり返った。

「……という問いに対して、『戦略的』に考えてみてくださいね」

石川さんは『戦略的』という言葉の説明が描かれたマトリクスを軽く叩いた。

「では今週はこれで終わりです。みんな初めての週末、楽しんでくださいね」

戦略的にキャリアを考えるってどういうことだろう……？

そもそも僕の強みを活かせるフィールドってどこだろうか？

悩みながらふとヤマダの方に顔を向けた。ヤマダの顔が水から浮き上がった瞬間の亀に見えた。多分僕もそんな顔をしているのだろう。

水面に浮かんだ2匹の亀の姿を想像して、何だかちょっと笑ってしまった。

寓話からのスタートには少し戸惑ったが、知らぬ間に引き込まれてしまった。次のセッションは1週間後か……。このセッションの学びはメモを残しておこう。僕はそう思って、記憶をたどりながら、おろしたての手帳に学びを殴り書きした。

新人研修　石川さんセッション

1

『うさぎと亀』と戦略的思考

○一時的な感情に任せて、自分のフィールドを見失ってはならない

○自分のフィールドは「戦略的」に考えるべき

○戦略的＝時間軸の長さ×論点の多さ

○努力には、適したフィールドを選ぶ努力と、そのフィールドで頑張る努力の2種類がある

○配属は人生を決める!!

しかし、「自分のフィールド」って一体どこなんだろう？

Session

2

裸の王様が生み出す空気に勝てるか？

また金曜のこの時間がやってきた。快晴の今日は4月なのにもう暑かった。こんな日は室内にいるのがもったいなく感じる。

この1週間、『配属は人生を決める』という言葉の意味を僕は考えていた。

今までの僕の人生のモットーは、「ジタバタしなくても、そのうち人生は落ち着くところに落ち着く」というものだった。真剣になるのはどこかダサい。僕の頑張りは高が知れているし、結局はなるようになるものだ。だから配属だってなるようになるさ……。そんな気持ちがあった。

しかし、前回の石川さんの話を聞いて、それは人生の主導権の放棄なのかもしれないと思うようになった。

どこか他人事だった自分の人生の主導権を取り戻したい――。そんな思いが頭をもたげてきた。就職活動ですら真剣になれなかった僕が、なぜこんな研修ごときで気持ちが動いているのか、自分でもよくわからなかった。

この先に待ち受けている配属の場面が、僕の人生における最初の意思決定なのかもしれない。そして、こういう重要な場面で、長期の時間軸の中で、多様な論点を考慮した意思決定ができるか？　果たして「多様な論点」とは何を考えることなんだろうか？　そんなことをグルグル考えていると、あっという間に時間は過ぎていった。

今週は、他のつまらない研修はそっちのけで、早く石川さんのこの時間が来るのを待っていた。

○　○　○

「皆さん、こんにちは」

石川さんは軽やかな挨拶からスタートした。今日はネイビーのジャケットの内側に着ているピンク色のシャツが春らしさを感じさせた。

「この1週間の研修はどうでしたか？　みんなにどんな学びがあったでしょう？」

この手の軽い質問であっても、絶対に最初に答えることは避ける慎重な性格は小学校の頃から変わらない。

そこに同期の中で一番真面目なカザマが真っ先に手を挙げた。

「ハラスメントのレクチャーはとても学びになりました。違和感があればすぐに相談したいと思いますし、私自身が加害者になるかもしれないので、その点は気をつけたいと思います」

「そう。なるほどね」

さすがにカザマはソツがない。どの研修も真面目にメモを取っていたからこそ言えるセリフだ。もし僕が不意に当てられていたらまったく中身のないことを言って恥をかいていただろう。

カザマ、ありがとう。

「では、始めます。今日の題材は、『裸の王様』。みんな知ってるでしょ？」

『うさぎと亀』の後には、『裸の王様』か。やっぱりこの時間は一貫して寓話をベースにするのだろう。先が楽しみだ。

「じゃあヤマダさん。『裸の王様』のストーリーを簡単に教えて？」

「えーと、『裸の王様』ですよね。あぁ、そうそう。ある職人が、この世で最高級の布で作った衣装ができます、と王様に売り込むんですよね。しかし、職人が言うには、その生地はバカには見えないと。そこで王様はひらめきます。これは大臣のうちで誰がバカだかチェックもできるぞ」

ヤマダは王様を演じているっぽい。

「それを聞いた大臣たちは、その生地を見て言うわけですよ。おおこれはすごい生地ですね！と。王様も、みんながすごいすごい言うもんだから、生地が見えないにもかかわらず、あ、やっぱすごいよね、と言っちゃいます。誰も正直に言い出せず、ついには裸でパレードしちゃうんですよね。そこに素直な子供が通りかかり、『あれ、王様って裸じゃね』と」

子供の演技をするヤマダの滑稽な動作にみんなつられて笑う。同じことを僕がやっても誰も笑わないだろうけど、ヤマダがやるとなぜ笑えるのだろう。これがキャラというものか。

「その子供の声をキッカケに、周りも、マジ？　裸？　やっぱり！　という声がザワザワ広がり始めるんですね。でも、かわいそうなことに当の王様は裸のまま練り歩く、という。まー、なんとも笑える話です」

「そうね、ありがとう」

石川さんもヤマダ効果なのか、表情は柔らかい。


「さて、じゃあこの話から、みんなは何を学ぶ？」

学び……何だろう……と頭を回そうとした瞬間、またカザマがすかさず手を挙げる。今日のカザマはえらく張り切ってるな。

「いろいろ言えると思いますが、まずは正直であることの大切さ、ということでしょうか」

「なるほど。もっと説明して」

「つまり……誰かがどこかのタイミングで、正直に、自分にはこの布が見えない、と言えば終わった話なのかなと。それを誰も言わなかった。誰か一人でも言い出していれば良かったはずなのに」

カザマは学生の頃は生徒会長だったに違いない。真面目でソツがなく、また嫌味がない。赤いネクタイがよく映える。

「なるほどね。うん」

僕は石川さんの表情ばかり気にしてしまう。でも、まだ何も読めない。

「やっぱりこういうところで正しいことが言える人こそが、真のリーダーなんだと思います」

最後にカザマが素晴らしい一言を言った。僕には『真のリーダー』なんて言葉は出てこないだろう。

「そう。みんなも同じ意見ですか？」

石川さんが全体に問いかける。

「ズバリ言っていいかしら」

カザマが身構える。

「最高につまらない意見ですね～」

石川さんが厳しい言葉を満面の笑みを浮かべながら言い放った。

そのギャップに、僕は一瞬固まった。

そして固まったのは誰よりも当のカザマ本人だ。

「……え？」

うまく言葉になってない。そりゃそうだろう。カザマは何を言われたのか理解できなかったに違いない。

「ごめんなさいね、口が悪くて。でも、この問題って言うほどそんな簡単なことじゃないんですよね」

みんなは石川さんの次の言葉を待つ。

「たとえばね、みんなが大臣だとしたら、布が嘘っぱちだって言えたと思いますか？」

……。

「王様は、この布はバカには見えないすごい生地だって言ってる。そして、大臣にとって、バカ認定というのはクビに等しいかもしれない。ここの立ち振る舞い次第では、ここまでのキャリアを完全に棒に振りかねないの。しかも、おそらく封建的な社会だろうから、一度落ちたらキャリア上の復活の可能性は限りなく低いわ。つまり一家で路頭に迷うかもしれないということなのよ」

石川さんの言葉には、まるでこの寓話を生で見てきたかのような妙な説得力がある。

そして、そう言われてみると、大臣たちの言うことが嘘っぱちだと簡単には言えないのかもしれない。改めてこのシチュエーションの難しさに気づく。

「そうするとね、不思議と見えてきちゃうんですよ——ないはずの布が。光の当たり方とかで、一瞬布っぽいものがあるように見えちゃう瞬間が訪れるんです」

石川さんは急にトーンを落としながら話す。

そして、僕には確かにその場面が想像できた。僕は見えないはずの布が見えた奇跡に喜び、なんとキレイな布だ、と声に出して言ってしまうだろう。

「私たちには、見たいものが見えたと信じてしまう能力がある。こうであって欲しい、と思っていると、そんなふうに世の中見えてきちゃうんです。現実は全く違うにもかかわらずね」

石川さんは改めてみんなを見つめながら問いかける。

「さ、改めて聞きます。この中に、この布は嘘っぱちだ！　と言える大臣はいる？」

……沈黙が続く。

あるはずのない布を「見えた」と言った大臣の心境やいかに

誰も手を挙げない。

というか、実際に自分が嘘っぱちだと言えるかどうかは置いておいて、この空気で手を挙げる勇気は僕にはなかった。

「あら、この代には『真のリーダー』はいないってこと？　だらしない」

石川さんは『真のリーダー』という言葉に力を入れて、微笑みながらカザマを見つめる。カザマの表情は硬いままだ。

「はい、私なら言います」

みんなの視線はナガサワの方に集まった。彼女はやはり強い。

「待っていました、ナガサワさん。考えを教えて」

「ここで何も言えない大臣って、つまりはイエスマンってことじゃないですか。社長が布だと言ったら、空気ですら布になっちゃう。そんな大臣、存在する意味はないですよね。私はそんな生き方はしたくないです。私なら声を上げます」

僕にはその姿が、まるで石川さんという王様に挑む大臣のように見えた。いいぞ、ナガサワ。

「素晴らしいわ、ナガサワさん。その気持ちをいつまでも忘れないでください。でもね、この問題はそういう意気込みの話で片付けられないんです。冷静に考えてみて。詐欺を働いた職人はどういう気持ちで王様に布を売りにきたかわかります？」

「え、職人の気持ち……ですか？」

「そう、遊び半分で王様のところに来たのでしょうか？　もしこれが嘘っぱちの布だとすぐに指摘されたらどうなったと思います？」

確かに――。それは考えたことはなかったけど、相手は国の全ての権限を一手に握る王様。バレたら命の保証はないだろう。

「詐欺師側もね、バレたら死刑。命懸けなんですよ。そして、こんなチャレンジをしているということは、命を懸けようと思えるくらいの可能性があったということでもある。つまり、今の科学的常識からしたらあり得ないけど、おそらくこの話の舞台は中世。当時の知識レベルでは、詐欺師が命懸けの準備さえすればギリギリ信じられる可能性があったってことは、認識しておいた方がいいでしょう」

ナガサワの表情が曇り始めた。

石川さんはその表情を見つめながら、一呼吸置いた。

「整理しますね。詐欺師は命懸けの準備を周到にしてきている。さらに王様は素晴らしい生地だと予め言っている状況です。そしてこの布が見えるかどうかはあなたのこれからのキャリア、いや人生そのものが懸かっている。あなたは生地の専門家ではなく、布の最新テクノロジーのことなんてさっぱりわからないにもかかわらずね」

石川さんは、ナガサワからのリアクションを待っている。

「確かに……見えると言った方が楽、ですね」

ナガサワは言葉を選びながらも語り始めた。

「私だったら——見えた、とは断言しませんが、少し見えたような気がします、とお茶を濁すかもしれません。一番ズルいやり方かもしれませんね」

石川さんは微笑む。

「正直ですね、ナガサワさんは。でも、その発言は、いつしか周りには、ナガサワ大臣も素晴らしい生地だと言っていたらしい、と伝わっていきます。そしてそれを聞いた他の大臣は、さすがにこの期に及んで布が見えないとは言えなくなる。こうして組織の中に『空気』というものが形成されていくんです」

「空気を読む」という言葉があるけれど、この状況はまるで「空気に飲み込まれる」とでも言うべき感じだ。飲み込まれてしまった人間には正しい意思決定はできない。

「この『空気』の外側にいる人間からは何でも言えます。見えない布が見えるだなんて、なんてアホなんだ、とか。イエスマンだらけだな、とか。でも、この『空気』に飲み込まれてしまえば、視界はまったく変わってしまうということを覚えておいてください」

石川さんはナガサワに優しく語りかける。

「でも……私はみんなに、この大臣たちは仕方なかった、と伝えたいのではないんです。みんなにはちゃんと自分の意見を正しく言える人……つまり、カザマさんが言う『真のリーダー』になって欲しいと思っています」

石川さんはカザマがいる方向に体を向け、語りかける。

「ではどうしたら、私たちは組織の空気に支配されないような『真のリーダー』になれるのでしょうか？」

しばらく沈黙の後、カザマは不安な面持ちで手を挙げた。

「や、やはり、『空気』を読まないようにする、ということでしょうか」

どことなく言葉に力がない。

「なるほど。まだ面白くなりませんね。あと一歩」

また石川さんは笑いながらカザマに厳しい言葉を返す。

「でも、今、カザマさんはこの教室の重たい空気を読んでいるからこそ、そんな自信のない様子なんですよね？」

カザマはもはやノックアウト寸前だ。

「空気を読まないようにする、という意気込みは認めるけど、読みたくなくても読めちゃうのが私たちなんです」

僕も何か意見を言うことで、この空気を変えたかったが、すぐに答えが出せるような問いではなかった。

「じゃあ、みんなの過去を教えてもらえますか？　みんながここで言う『真のリーダー』のように、組織の空気に逆らって、自分が正しいと思ったことを言えた経験はあるのでしょうか？」

僕はこの問いかけを受けて、学生時代のバイトの場面を思い出していた。当時、バイトの先輩と社長の人間関係が悪く、対立していた。どう考えても社長の方が正しかったが、僕は先輩にかなりお世話になっていたこともあり、先輩の味方をする形でバイトのボイコットに加担した。そのボイコットの時に、自宅にかかってきた社長からの電話の気まずさは未だに忘れられない。僕は「社長が正しいと思います」と言いたかったが、それを口にすると自我が崩壊する気がして、電話でも最後まで無言で終わってしまった。結局僕はいつも何かを恐れて、正しいと思ったことを言えない人間であり続けてきた。

「サカモトさん、あなたはどうですか？」

ふいに石川さんからの問いかけで我に返った。

「僕は……結局『空気』に負けてしまうタイプの人間でした。それほど誇らしい経験は思い出せません」

「なるほど。でも安心してください。みんな多かれ少なかれそんなものですから」

石川さんは、飾らない素の言葉は恐ろしいほど優しく受け止めてくれる。

「みんな『〝空気〟の研究』って本、知ってますか？」

『〝空気〟の研究』――？　どこかで聞いたことがあるような、ないような……。みんなで顔を見合わせる。

「あら、勉強不足ですね。山本七平という人が書いた本。第二次世界大戦での日本軍の論理的ではない意思決定などを題材にしながら、その意思決定の場を包んでいた『空気』ということの存在を考察した歴史的名著です」

　僕は急いで『〝空気〟の研究』という書名を手元のメモ帳に書き留める。

「その本では、こう書かれています」

「私たちは常に、『論理的な判断基準』と『空気的な判断基準』の二つの狭間で生きている、と」

　石川さんは、私たちに背を向けて、この二つの判断基準をホワイトボードに書き込む。今日も即興でイラストを添えてくれている。言っているメッセージは難解だが、イラストがあるとなぜか飲み込みやすくなる。

「ここで言う『空気的な判断基準』というのは、その時の人間関係のようなもので徐々に形成されていきます。山本七平は、『空気』というのは、宗教的絶対性を持って私たちに襲いかかってくる、と表現しました。だから、私たちは、この『空気』と『論理』の間で悩みつつも、多くの場合は『空気』に負けてしまうのです」

　石川さんは、ホワイトボードで、『空気的な判断基準』から『論理的な判断基準』に向けて赤字でいくつもの矢印を引っ張り、あたかも空気が論理を執拗に攻撃しているように描写する。

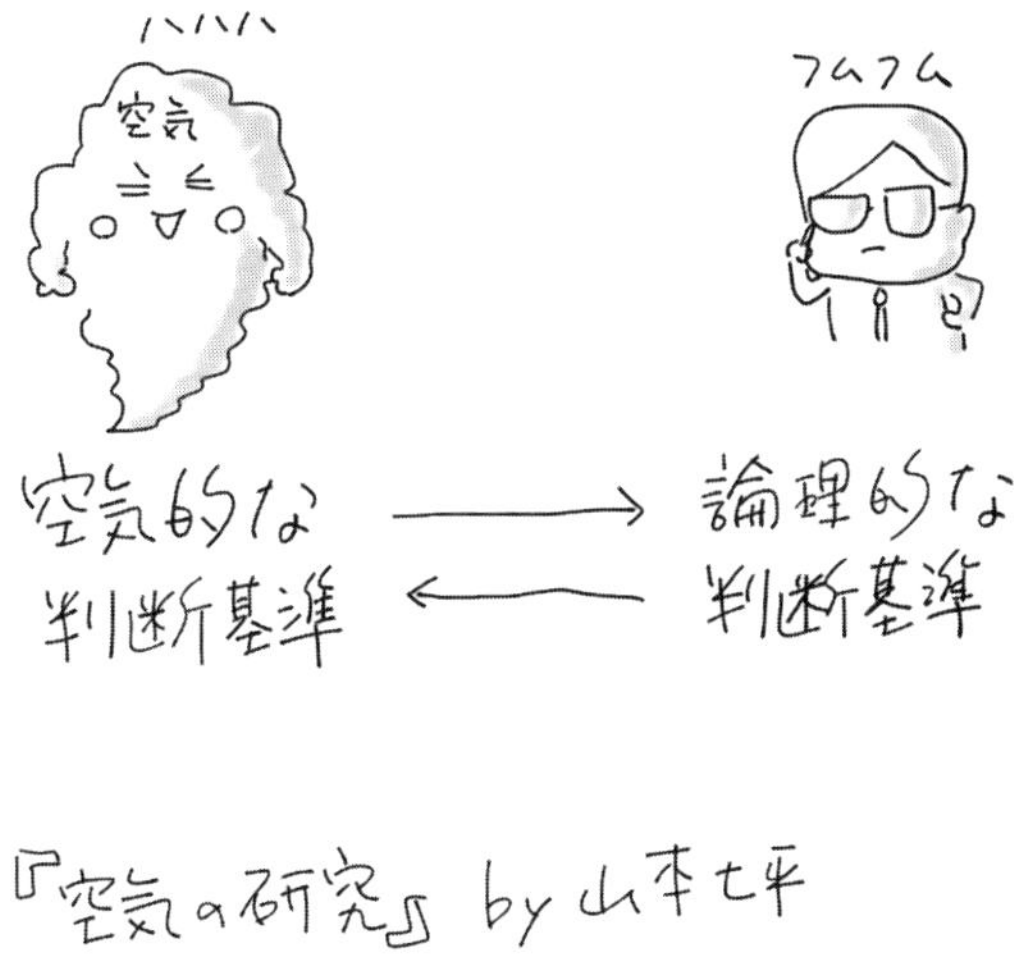
ハハハ
空気
フムフム
空気的な判断基準
論理的な判断基準
『空気の研究』by山本七平

「ここでの結論はシンプルです。つまり、私たちはもっと『論理』を強化しなきゃダメということ。手強い『空気』を前にして、生半可な『論理』じゃ勝てないということを自覚しなきゃいけません」

論理を強化する、か。

具体的に何をすればいいんだろう？

「じゃあ、ここで言う『論理』って何だと思う？　ヤマダさん」

みんなの疑問を見透かしたように、石川さんは問いを投げかける。

「えーっと、論理と言えば、あれですよ。そう、ロジックです」

みんなの唐突なヤマダの間抜けな答えに吹き出した。ヤマダの『空気』を読まない発言は、尊敬に値する。

石川さんはヤマダの答えに微笑みながらも、目で発言の先を求めた。

「つまりですね。えーっと、事実に基づいて客観的に考えることですか？」

ヤマダは今度は真面目な顔をしながら、答えを捻り出した。

「そう、いい線行ってますね！　ヤマダさんは適当に言ったかもしれないけど、客観的っていう言葉、とっても大切」

石川さんは微笑み、ヤマダはほっとした表情を見せる。

「客観的ということは、『空気』で視界が悪くなってしまった主観的な視野から逃れる、ということなんです。つまり、自分の上で空中浮遊している神様のような視点から『本来はどうすべきか』ということを考えてみる、ということ」

僕はつい天井を見上げてしまった。あそこから今の自分を見つめてみると何が見えるのだろう……。

「空中浮遊すれば、地上に広がる重たい『空気』から逃れることができる。あくまでも心の中の話ですけどね。でもそう意識するだけで、少しは『空気』に左右されない客観的な判断ができるのかもしれない」

石川さんは、『空気』に囲まれて地上に佇む人の姿と、その地上の人を上から見渡す人のイラストを描いた。

「つまり、難しい意思決定ほど、みんなも自分を取り巻く『空気』から逃れて、ゆっくり考える場所や時間が必要なんです。重苦しい『空気』が取り巻く場所で慌てて答えを出すんじゃなくてね。だから……」

石川さんは会場全体を見渡す。

「会社と家の往復で生活が終わってしまうことのリスクは、重たい『空気』から逃れられず、自分を客観視できないことにあるんです」

僕はまだ天井を見上げていた。僕にとっての「空中」ってどこだろう？

「ちょっといいでしょうか。でも、どれだけ客観的に考えようとしても、限界はありますよね。

自分の立ち位置を離れて高い場所から見つめてみることで、「空気」から逃れることができる

その場の『空気』の重さに負けちゃうことってないんですか？」

カザマの質問だ。どうやら息を吹き返したらしい。

「もちろん、負けます。というか、残念ながら未だに私も負けることの方が多いかもしれません」

石川さんは微笑みながら話す。

「でもね、私は『空気』に負けたことの記憶は常に持っています。そして、時として同じ場面に戻って、今の自分だったらどういう判断をするか、ということを空中の視点に立って当時の自分に問いかけるようにしているんです」

とてもタフそうな石川さんだったが、そんな彼女でも負けることはあるのか……。

「そうすることによって、常に自分の『論理的な判断基準』を磨き上げているつもりです。そうでもしないと、いつでも『空気』の餌食になる。気を抜いたら終わりなんです」

急に石川さんは僕の方に顔を向けた。

「サカモトさんは、さっき『空気』に負けてばかりって言ってましたね。その負けた場面は忘れちゃダメです。そして、いつもそこに戻って自分の判断を問い返しなさい。そこにヒントはあるはずですから」

「はい……」

僕は言葉にならない返事をした。

「いざという場面で、いきなり空気に負けない『論理的な判断基準』で意思決定ができる人なんていません。常にその判断を問い返しているからこそ、いざという時に正しい判断ができるんです。野球選手が素振りを欠かさないのと一緒。素振りをしていないのに、緊張感のある決勝戦9回裏代打のバッターボックスで、まともなスイングができる人なんていないでしょ？」

石川さんは急にバットを持つ構えから、スイングをし始めた。なかなかキレイなフォームのスイングだった。

「忘れないでね。皆さんの脳内には、『空気』に負けた苦々しい過去の事例がたくさん残っているはず。それは言わば、かけがえのない教材なんです。『裸の王様』で『生地が見えた』と言ってしまった大臣も、この苦々しい失敗の経験を客観的に振り返り、もう一度自分だったら何ができたか、と考えなくてはなりませんね。もし彼がまだ王様から処刑されていなければ、の話ですが」

石川さんはいたずらっぽい表情で笑った。

「さて、カザマさん、今日の冒頭の質問、もう一度聞きます。今週の研修はどうでした？」

「え、あ……。は、はい」

カザマはしばらく天井を見つめた後、覚悟を決めた表情になった。

「まぁ、何というか。ハラスメント研修はちょっと現実感のない内容で、もう少しリアリティのある研修スタイルだったら良かったと思います。正直、他人事のようでつまらなかったです」

石川さんは大きく笑った。

「そう。そうだったんですね。それはありがとうございます。人事部長として、研修のやり方を見直すようにしますね」

石川さんは笑いながら教室を後にした。

ホワイトボードに客観的に世の中を見つめるイラストが残っていた。

僕はその絵を見て、もう一度天井をじっと眺めていた。

2

「論理」と「空気」と『裸の王様』

○僕たちは常に「空気的な判断基準」と「論理的な判断基準」の間にいる
○「空気」に負けないために、僕たちは「論理」を鍛えなくてはならない
○そのためには、かつて「空気」に負けた経験を振り返って、今自分だったらどうすべきかを振り返るクセをつける
○難しい意思決定ほど、その場の空気から逃れて、客観的になれる場所で意思決定をする必要がある

僕は今だったらあのバイト先の店長に、ちゃんと言うべきことが言えるのだろうか……？

Session

3

オオカミ少年に罪はない

新人研修も始まってから3週間が経とうとしている。

35人の同期だが、3週間も一緒にいれば、それぞれのキャラもそれなりに見えてくる。ヤマダのようなうるさいヤツとか、何でも口を出さなきゃ気が済まないナガサワのような目立つキャラは数日でわかるが、それ以外の一見目立たない仲間たちのことも、ランチを一緒に食べながら、もしくは酒を一緒に飲みながら、何となくわかってきた気がする。

しかし、「同期」という言葉のリアリティがない。感覚的には「同級生」だ。未だ学生気分が抜けず、新たに大学5年生がスタートした、という表現が今の気分を表すのに一番適切かもしれない。研修ではいろいろな部署の先輩がオリエンテーションをしてくれるが、その意味するところは正直に言えば誰もわかっていない。

しかし、週にたった1時間ではあるが、石川さんのセッションだけは格別だ。あきらかに場の空気が変わる。そして、働くということの難しさや大変さを手に取るように感じることができる。この時間は苦しい気持ちもあるのだが、次は何が来るのだろうかと、いつも心待ちにしていた。

同期の間でも、石川さんの話題はよく挙がる。

「一体どんなキャリアなんだ？」

「いくつなんだろう？」

などなど、みんな関心があるらしい。いや、正直僕もとても気になっている。

そして、語られる多くの話は単なる噂話の域を出なかったが、キャリアにおいてはいろいろ壮絶な過去があったらしいという話にはリアリティがあるように思えた。

どんな過去だったのだろう――。彼女のキャリアの話をゆっくり聞ける機会があるのだろうか――。

いや、そんなことを考える前に、自分のことを考えなくてはならない。この2週間、石川さんの話を受けて、自分なりに配属志望先を考えてきた。長期的な視点で自社のビジネスを考えつつ、自分の得意なことを踏まえて、いくつか具体的な部署を考えたつもりだ。しかし、僕くらいの頭で考えられることなんて大したことじゃない。考えても意味がないのでは？　所詮は人事が決めることだから、余計なことを考えずに運命に任せてしまっては……？というもう一人の僕のささやきに、考えを邪魔されてしまう。

自分の考えにもっと自信を持ちたい！　そんなことを頭の中で反芻している間に、石川さんはやってきた。

○　○　○

「さ、じゃあ今日も始めましょう」

石川さんはそんな僕の内面の関心とは関係なく、ひょうひょうと研修を開始した。

「今日もみんなが知っている寓話を取り上げます。『オオカミと少年』という話です」

「ああ、オオカミ少年ってやつか」

「そうよ、ヤマダさん。まあ誰でも知ってるわね。じゃあ今週もヤマダさんにお願いしてもいいかしら」

「はい、これは簡単なストーリーですから。羊番をしていた羊飼いの少年が、退屈だったので、イタズラ半分で『オオカミが来た』って村の人を驚かすんですよ」

ヤマダは今日も軽やかだ。

「で、その声に村人たちは慌ててオオカミを追い払いに来るのですが、オオカミなんてどこにもいない。その慌てる様子に少年は笑うわけです。こりゃ面白いと。今こいつがいたら間違いなく動画撮影してユーチューブに上げますね。で、炎上。こういう奴は友達でよくいるんでわかります」

オオカミ少年ユーチューバー説は新しい。ただ、確かにありそうで笑える。

「で、それが楽しくて何度か同じ嘘をつくわけですね。ところが、そんなある日、ホンモノのオオカミが来ちゃうわけです。大変です。うちの村の羊が全滅しちゃう。ユーチューブどころじゃない。慌てて『オオカミが来た！』と叫びますが、その時には誰も少年の言うことを信じることなく、結果的に羊は全滅してしまったんですね」

話し終えたヤマダは例によってドヤ顔だ。

「オオカミが来たぞぉぉ」ってのはウソです！

「そうね、ありがとう。ヤマダさんの正確な記憶力にみんな拍手してあげて」

みんなこれからの石川さんの問いかけに不安を覚えつつ、ヤマダに拍手を返した。

「さて、ここから一緒に考えていきましょう。このストーリーのメッセージは何ですか？」

キックオフの笛が鳴った。

今までのクラスの展開を考えると、この最初の質問の答えが難しい。大抵はつまらないことを言って冷や汗をかくのだ。僕はこういう質問には「まずは様子を見ろ」とプログラムされている。

そんな中、ミズノが挙手をした。同期の中であまり話したことのない影の薄い女性のはずだが、大した勇気だ。

「オオカミ少年という言葉がある通り、ウソをつくといざという時に誰にも信じてもらえないということかなと。なので、このストーリーそのものは、正直であることの大切さを訴えるものだと思います」

「そうね。一般的には、そうですね」

石川さんは含んだ笑みを口元に浮かべて、周りを見渡した。

「でも、この話、何かおかしなところがあると思わない？」

おかしなところ……。正直寓話のおかしなところなんて考えたこともない。僕は素直すぎるのだろうか。

「みんなはどの立場でこのストーリーを解釈したのかしら？　ミズノさんはどう？」

「解釈した立場、ですか？　ええっと、少年の立場で考えました。だから、もし私たちが少年だったら、嘘をついてはならない、と」

「そう、それが一般的な見方ですね。でも全てのストーリーは、別の角度から見ると新たな発見があるものなのです」

石川さんの言葉にみんなの頭が回り始める。

「なので、この話を他の立場で考えてみてください」

石川さんは一呼吸置く。

残る登場人物は――村人？

村人から見てみると……。

羊番である少年に何度かウソを言われて、その都度慌てて、結局オオカミに貴重な羊をやられてしまう――か。

僕は口元でボソボソと独り言を呟きながら、村人の視点でストーリーを整理してみる。

冷静に考えてみると、何とも間抜けな話だ。

そこにミズノが手を挙げた。

「あ、村人の立場で考えてみると、確かに――村人はそんな虚言癖のある少年を、なんで羊番にさせ続けたのかという疑問は残ります」

石川さんは頷く。

「そこ、不思議ですよね。じゃあ、そもそも羊番の少年の役割は何だったのでしょうか？」

「え、何かがあった時に知らせるってことですよね」

ミズノが答える。

「その通り。最大の役割はそれ」

ということは、オオカミが襲ってくるような危険度の高い状況において、彼の役割はかなり大事なはず。

それなのに、なぜこんな信用できない少年を配置し続けたのか……。

よく考えてみたら本当に不思議な話だ。

「やっぱりこの話の最大のオチは、ここの村人たちがバカだったたってことなんじゃないですかね」

ヤマダが軽口を挟む。つられてちょっと笑ってしまう。

「まあ、自分たちはバカだったと後悔しているのは間違いないでしょう。村の重要な収入源である羊が全滅しちゃったのだから。でも、彼らは本当にバカだったのでしょうか？　自分たちが村人だったら、ちゃんと対処できた自信はありますか？」

うーん、オオカミが来たら、人間が防がない限り羊はやられてしまう。その危険性はわかっていたはず。だからこその羊番のはずだ。

そんな重要な役割に、年端の行かない、かつ虚言癖のある少年を配置し続けるだろうか。

「いや、やっぱり村人たちは考えが足りないです。リスクの大きさに対してあの少年では見合わないですし。少なくとも私だったらその少年は配置しません」

ナガサワが答えた。確かにあまりにも不可解だ。

「ふふ、じゃあもうちょっとリアルに考えてみましょうか」

石川さんは含み笑いを口元に浮かべる。

「確かに冷静に考えると、この少年を門番に置くのはリスクに見合わない。でも、みんな冷静に考えられるからそう言うんです」

冷静に考えられるから……？

「私たちは、この後オオカミが来るということを知っているから、この村人たちがバカって言えるんです。後日談を知っているズルい立場だってことを自覚しましょう。でも、当時の村人の立場で、オオカミの来襲をどれだけ予測できたのでしょうか？」

オオカミの予測……。オオカミは来るものであり、それ以外の可能性は確かに考えたことがなかった。

「うーん、もし案外平和な村だったら、オオカミのリアリティもなかったかもしれない。そういうことですか？」

ナガサワは問いかける。

「そう。もし村人の行動を合理的に考えるとするならば、オオカミが来る可能性を限りなく低く見積もっていたってこと」

「そっか。だから、どうでもいい少年に形だけの番人をさせていたのか」

ナガサワは呟く。

僕もいろいろわかってきた。後世の人間は後日談から考えることができるので、その当時の人たちのことをバカだと考えやすい。しかし、それは後出しジャンケンのようなものなのだ。

「この手の話は、ビジネスでもよくあります。倒産したり、失敗してしまった企業はバカだったと。でも大抵のケースはそうではありません。ブロックバスターはなぜネットフリックスに負けたのか。コダックはなぜデジタル技術に本気で投資しなかったのか。当事者の立場で考えてみれば、その立場なりの合理性が見えてきます。その視点で見ない限り、私たちは失敗から学ぶことはできません。失敗した後日談を知っている立場から、当時の彼らの意思決定をバカにするのは、すべてズルい後出しなんです」

具体的な企業の話は知らなかったけれど、失敗から学ぶことが難しいことは何となく理解できる。

「なるほど。もしオオカミ来襲の可能性が低かったとすれば、少年の役割はほとんどないようなもんだ。だから退屈で仕方なかったのかも。ひょっとしたら俺の存在に気づけ！　くらいのアピールだったのかもしれないっすね」

炎上ユーチューバーとバカにしていたヤマダも、オオカミ少年の心境に近づいてきたらしい。

「この少年も安全だと思っていたからこそふざけていたのかも」

　ヤマダは共感を示す。

「そうなんですよ。いろいろおかしな点があるけど、それは私たちが後日談を知っているから。オオカミさえ本当に来なければ、こんなウソなど日常茶飯事の微笑ましい風景なんですよ」

「でも、その上で、村人の立場で私たちが何ができたかを考えなきゃなりません。どうしたら良かったでしょう？」

　冷静に考えてみる。少年からオオカミが来たという最初のウソがあった時点で、僕は何か行動できただろうか。

　少年を罰することは簡単だ。しかし、オオカミなんて来るはずがないと高を括っている状態で、羊番を別の人間に変えるなんてことができただろうか……。

　この課題解決には、自分自身の根本的な認識を変えなくてはダメなのだ。僕はそこに気づいた。

「オオカミ来襲の可能性を把握できていないのが根本的な問題だと思います。やはりその可能性を徹底的にリサーチすべきだと思います」

　僕はそう答えた。

「なるほど、まあそれはその通りですね。で、実際どうします？　当然ネットとかは使えません」

　実際にどうするだろうか……。

石川さんの口元には笑みがあるが、目は笑っていない。

「と、とりあえず、近い農村にオオカミのヒヤリングに回ろうかな、と」

オオカミのリサーチ方法なんて考えなかった僕は、しどろもどろになった。

目を上げると、机の目の前に石川さんが立ちはだかり、僕を見下ろしている。

「そう。で？」

石川さんは僕の机に手をついて僕の目を覗き込む。

ほのかにアロマのような匂いが漂ってきた。

「近隣の村に聞いた結果、どこもオオカミは来たことがないってことだったら？」

僕は石川さんに目を見つめられたままだ。

「……」

「というか、実際にオオカミが来る可能性はそれほど大きくないからこそ、守りは手薄だったんですよね？　もし隣村とかにオオカミが出てたら、間違いなくこんな少年なんかに羊番させないと思うんですけど？」

石川さんに畳み掛けられて僕は言葉を失った。

確かにリサーチなんてしても、大したことが聞けなければ余計安心してしまうだけだろう。

「いいでしょう」

石川さんは僕の机から手を離して、クラスを見渡す。僕はふぅっと一息つくことができた。

「じゃあ、なんで私たちは、そんな来る可能性の低いオオカミのことを考えなきゃいけないと思うのですか?」

「そりゃ、どんなに可能性が低くたってオオカミが来たら即アウトだからですよ」

ヤマダが答える。

「ってことは、オオカミが来る可能性以外の変数も考えなきゃダメってことね。それはつまり?」

あ。そうか。僕は手を挙げた。

「つまり――万が一でもオオカミが来た時のインパクトも同時に考えなきゃダメってこと、ですね」

僕にも石川さんが言いたいことがようやく理解できた。

「そう、その通り。私たちは可能性を考えることばかりに目が行って、インパクトの大きさを見逃しがちなんですよ」

と言いながら、石川さんは『起きる可能性』を縦軸に、『起きた時のインパクト』を横軸にしたマトリクスをホワイトボードに描いた。

「このマトリクスはよく使えるから覚えておいた方がいいです。特に、この先どういうことが起きるか予想がつきにくい状態でシナリオを立てる時に有効ですよ」

石川さんはホワイトボードを軽く叩きながら語る。

「さて、改めて問うけど、このマトリクスの象限で優先的に対応を考えるところはどこ……?」

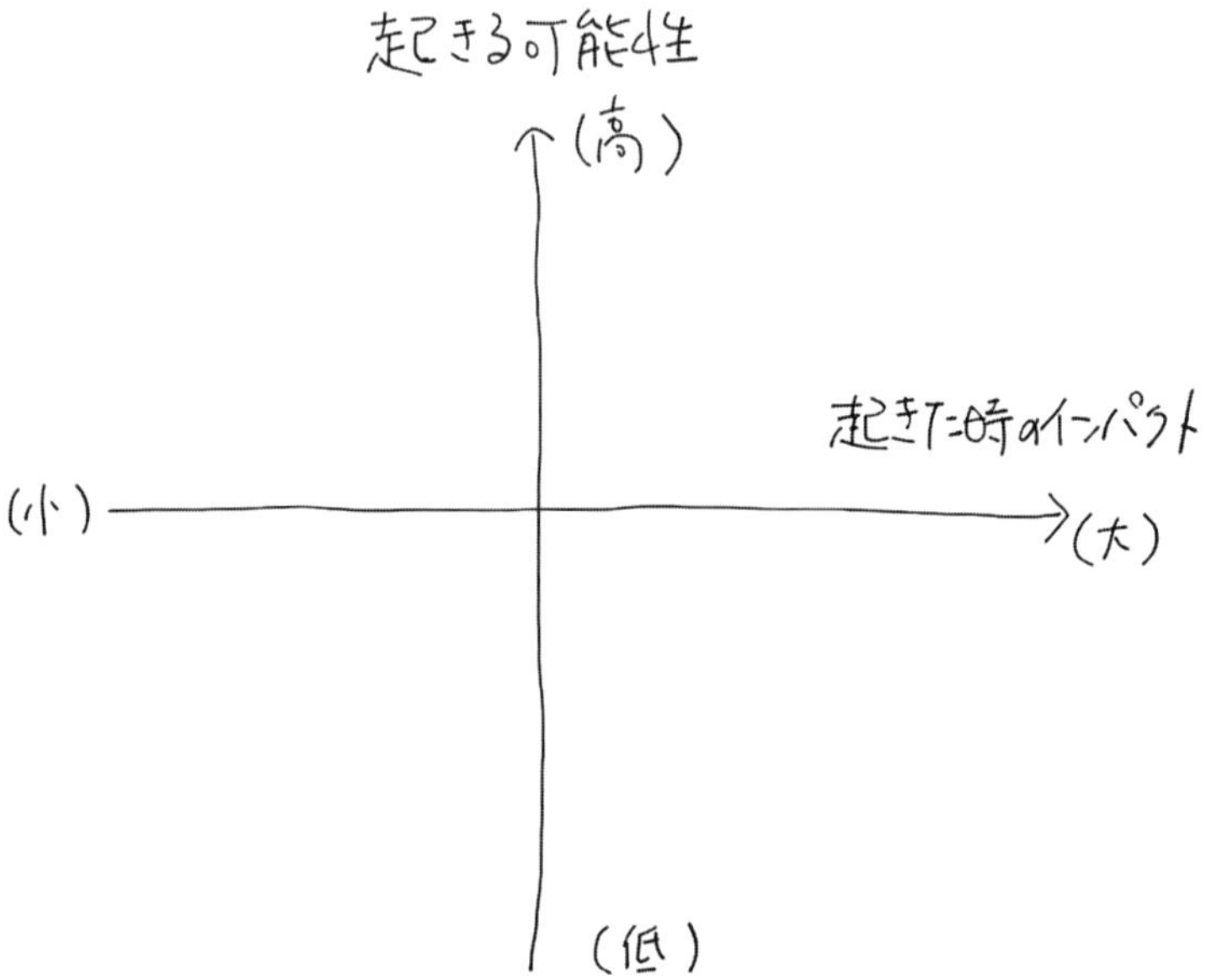

先行きの予測が立ちにくい時、起き得るイベントを「起きる可能性」と「起きた時のインパクト」でマッピングしてみる

「はい、右上です！」

こういう簡単な問いに対するヤマダの瞬発力はすごい。そしてこういうところで発言できなかったことがちょっと悔しい。

「そう、可能性とインパクトの両方が高いところですね」

と言いながら、石川さんは右上の象限に丸をつける。

「何も考えなくても、大抵はこの象限の準備はしっかりする。当たり前ですよね。だってこの右上は明確にヤバいことがわかっているから」

確実にやってくる影響力の大きいイベント……。今の僕にとっては、配属面談がこの象限に入るのだろうか。うっすらそんなことを考えた。

「で、みんながこの村人をバカだと思ったのも、オオカミ来襲はこの右上の象限に入るイベントだと思ったからですよね？」

確かに、僕たちは既にオオカミが来ることを知っている。だから、オオカミ来襲の可能性は100％と考えていたのだ……。

「でも、当時の村人の立場だとすると、オオカミが入る象限はおそらくここですね」

石川さんは右上とは対極にある左下の『可能性が低い』×『インパクトが小さい』という象限に、イラストとともに『オオカミ来襲』と書き込んだ。

「えっ?? 可能性は低くても、インパクトは大きいんじゃないですか？」

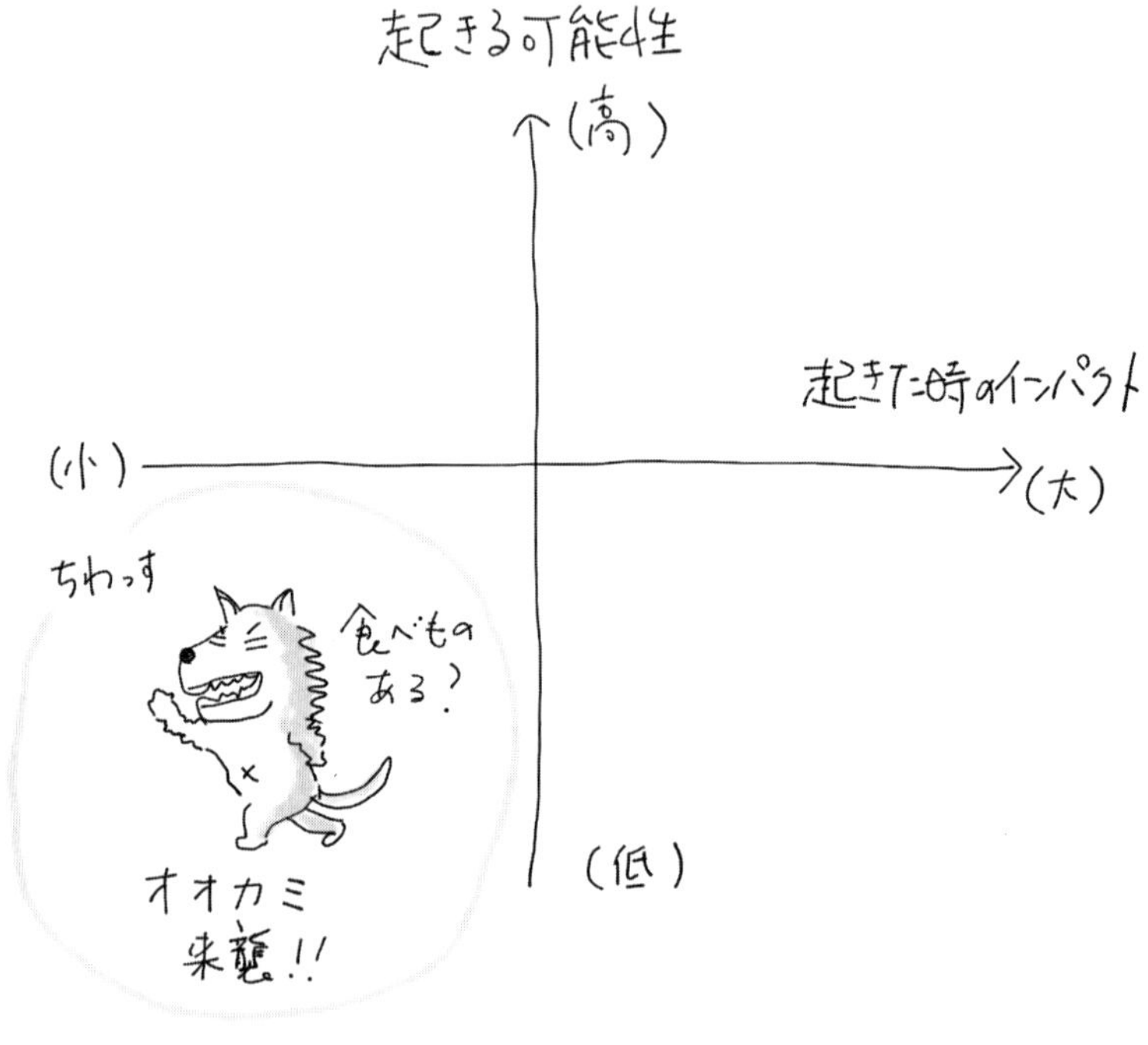

「起きる可能性」が低いイベントは、「起きた時のインパクト」もつられて低く見積もられがち

僕は声を上げていた。

オオカミ来襲のインパクトは大きいはずだ。

「村人が冷静に考えていたのだとしたら、その通りになるはず。でも、現実にそんな冷静な判断を下せることはほとんどないんです」

石川さんは断言する。

「もしオオカミに襲われたことがなければ、そのインパクトは正しく見積もれないですよね？」

「いやぁ、仮に襲われたことがなかったとしても、インパクトはわかるでしょう。オオカミは怖いですから、それくらいの知識はあって然るべきでは？」

僕は珍しく食い下がった。ここはあまり納得が行ってない。


「じゃあ、そうね。たとえば、数年したらＡＩによってどんどん仕事がなくなると言われています。サカモトさんはそのインパクトをどんな大きさだと考えていますか？」

急にＡＩの話になって戸惑う。

「え、そりゃまぁまぁ大きいと思いますが……」

「でも、自分なら何とかなるって思ってない？」

「まぁ何とかなるとは思っていますけど……」

「これだけＡＩの影響は至るところで騒がれています。サカモトさんは当然、そのインパクトは正しく見積もれていますよね？」

石川さんはいつものように笑いながら鋭い問いかけをする。

正直に言えば、インパクトなんて考えたことがなかった。でも、今までも何とかなってきたから、多少の変化が起きても何とかなる気がしているのは事実だ……。僕は答えに詰まった。

石川さんは僕の無言を引き取り、再び会場全体に語りかける。

「みんなそんなものなんです。起きたことがないことに対しては、インパクトなんて考えられない。考えられないことは、何とかなると思っちゃう。不安になってもどうしようもないですからね」

そうか。僕は頭の中で石川さんの言わんとすることを整理した。

僕らはオオカミの来襲によって羊が全滅するという未来を知っているから、オオカミの恐ろしさや手強さを正しく見積もることができる。

しかし、オオカミの脅威を実際に見聞きしたことがなければ、どれだけその恐ろしさのリアリティが持てただろうか。

「一般的に、可能性が低いものは、可能性につられてインパクトまで甘く見積もってしまう傾向にあります。たとえば、天災。毎年地震とか洪水とか何らかの天災が至るところで起こっているけど、自分の家は何とかなるって内心で思ってないですか？」

確かに。洪水や地震は記憶に新しいけど、実際に被災しない限りはインパクトを低く見積もりがちだ。

「だからこそ、可能性が低いものについては対策が疎かになる。可能性が低いゾーンに対する具体的な備えができている人はほとんどいません。で、起きた後に、何で準備できてなかったんだと責められるんですよ……。みんなが村人をバカにしたみたいにね」

石川さんは言葉を区切って周りを見渡した。みんなそれぞれ、自分にとっての「可能性が低くてインパクトの大きいイベント」に想いを馳せているようだった。

「だから、まずは可能性よりも起きた時のインパクトを正しく見積もらなくてはならないんですね……」

ミズノが気づいたようにコメントを挟んだ。

「そう。こういういつ起こるかわからない脅威は、可能性を考えたら舐めちゃうからダメなんですよ」

「なるほど……。万が一オオカミが来たら、村の羊を全滅させるくらいのインパクトがあるってことが村の中で浸透していれば……。自ずと打ち手も変わってくるということですね」

ミズノが言う。

「そう。少なくともあんなウソつき少年は配置したままにはしないでしょうね。たとえば、見張り番にもっとしっかりした人を置くとか、柵をしっかりつけるとか」

確かにオオカミ来襲の怖さを真剣に考えるならば、少年一人配置したところで高が知れている。

「でも、この寓話では、単に少年をディスるだけで終わってしまった。もちろん少年のウソは褒められたものじゃないですけどね。でも本来は、起きる可能性が低くてもインパクトの大きなイベントに対処できなかった村人たちを戒めるストーリーにすべき……だと思いませんか？」

みんなは言葉を発しない。僕たちはなぜこうも簡単に、表面的な教訓を飲み込んでしまうのだろう。やっぱり僕らは素直すぎるのか。

「オオカミ少年の話はもうおしまいにしましょうか」

石川さんは一呼吸置く。

時計を見れば、もうそろそろ終わりの時間だ。

「そして、大事なのは、この話をこれからにどう活かすかですね……。みんなの身の周りには、これからたくさんの『オオカミの警告』が来ると思います。その時に、このストーリーを思い出してくださいね。可能性とインパクトを切り離して冷静に考えるんですよ」

可能性とインパクト。僕はこのフレームワークを記憶に留めておこうと思った。

「そうそう」

石川さんは急にトーンを変えて明るく話し始めた。

「最後に一つ、みんなにニュースがあります」

石川さんはカバンの中から紙の書類の束を取り出した。

「うちの本業のビジネスは、このまま行けば3年以内に市場規模が半分になる、らしいんです。この書類にはそんなリサーチ結果が揃っています」

書類にはカラフルな付箋がついていた。

「私もざっと目を通したのですが、正直胡散臭いものもたくさんある。そしてこんなことって過去からも言われ続けていましたしね」

石川さんは紙を何枚か取り上げながらめくる仕草をした。

「さて、もうわかりますね。このリサーチは『少年』、そしてみんなは『村人』です。少年はオオカミが来るって叫んでる——」

石川さんは会場を見渡した。

「村人の皆さん、どうしましょうかね……？　このリサーチをこき下ろすも良し。真剣に対応を考えるのも良し。まさにこれがリアル版の『オオカミと少年』ですね」

石川さんは机の上の書類の束を軽く叩く。

「では来週ですね！」

明るい一言を残して去る石川さんを見つめながら、僕は記憶が消えないうちに手帳にメモを残した。

3

未来予測と『オオカミと少年』

○ストーリーは違う立場から見れば必ず新しい示唆がある
○失敗したケースを、当事者の視点で見つめ直してみると、その立場の合理性が見える。それこそが学びのタネになる
○未来の予測がつかない時は、起きる可能性×起きた時のインパクトで整理してみる
○起きる可能性が低いものは、インパクトもつられて低く見積もりがちなので注意が必要

↓

僕にとって、起きる可能性が低くてインパクトが高いイベントって何だろう？　そして、この会社のビジネスへの警告に対して、何か備えておくべきなのだろうか？

Session

4

桃太郎に大義はあるのか？

また金曜日が来た。この1週間、僕は石川さんの言葉を受けて、いろいろ動いてみた。僕なりに石川さんのメッセージを理解すると、

・自分の得意な土俵は自分で定義しろ。人に決めさせるな
・物事は戦略的（＝多様な論点×長期の時間軸）に考えろ
・他人がどう言うかということ（＝空気）に振り回されるな
・起きる可能性が低いことにも目を向けろ

ということだ。

僕はこれらが石川さんに与えてもらった「ギフト」だと考えている。この「ギフト」を使って、目の前に迫っている配属面談にどう臨んでいくのか。これが僕に課せられていることだと思うようにした。

何しろ、「配属は人生を決める」のだ。この最初の場にどう臨むかによって、その後のシナリオが変わってくる。だとしたら、全力で向かわない手はない。

僕は、自分なりに配属先の事業の将来性を考え、そして自分の得意分野を整理し、長期的な視点で自分の強みが活かせそうな配属先候補を三つほどに絞り込んでみた。

見る人が見れば笑ってしまうような内容だろう。僕が考える事業の将来性なんて、その辺の小

学生が考えることと大して変わりない。しかし、今まで運命を他者に委ね続けてきた僕にとって、この一歩は大きな変革だと感じていた。それと同時に「もっとギフトを手に入れたい」と強く願うようになっていた。

しかし、前向きな話ばかりでもない。同じ世代の人間が35人集まって多くの時間を共有すれば、いろいろなトラブルは起きるものだ。

先日、同期のグループ間でのイザコザが起きているという話を聞いた。きっかけはもはやわからないが、どうやら色恋沙汰が絡んでいるらしいからややこしい。今その二つのグループは険悪な雰囲気にある。お陰で今、会場の中の空気もどこかぎこちない。

つい先ほども、同期で一つのスローガンを決めるというアクティビティがあったのだが、冷静に議論すればすぐに決まるようなものが、感情的な対立になってしまい、議論の時間を大幅に超過してしまった。この背景にも、グループ間の対立があった。感情的に気に入らないから、一見論理的な指摘を装ってケチをつける。いわゆる難癖というやつだ。当事者同士が裏側の感情を隠して論理的であろうとするからとてもタチが悪い。こうやって組織というのは割れていくのか、という光景を僕は目の当たりにしていた。

僕はといえばその仲裁に入るのでもなく、「どうやらあいつはあいつにフラれたらしい」とか「同期の飲み会の三次会ですごいケンカになったらしい」という話が流れてくると、興味津々でただ話を聞いていた。そんなことを聞いて自分の好奇心を満たしている状態というのは、この対立に加担していることになるのかもしれない……。悶々と考えている間に石川さんは入ってきた。

○　○　○

「さて、始めましょうか」

石川さんは会場を見渡す。既に外は暑さを感じる気候になっており、石川さんも半袖ブラウスという服装だ。ヤマダはもう団扇で扇いでいる。

「今日はご存じの『桃太郎』を取り上げましょう」

今日は雑談や前置きもなくスタートするらしい。

「『桃太郎』のストーリーを誰かお願いしてもいいですか？」

先日のセッションの雰囲気を引きずったまま、場内は重たい空気が流れている。普段はノリの軽いヤマダも今日は手を挙げないようだ。仕方なく僕が挙手をする。

「はい。桃から生まれた桃太郎が、鬼退治のために、道中で出会った犬、猿、キジを仲間にしながら、鬼ヶ島に向かい、鬼をやっつけるという話です」

話すと長くなりそうなので短縮してみたが、思ったより簡潔になってしまった。

「あら、随分あっさりした話ですね」

石川さんも笑う。

「ま、いいでしょう。みんな知ってる話ですから。解釈の方が100倍大切ですからね」

と言って僕らを見つめた。

「さて、この話から何を学ぶ？　といってもみんな、この後の展開がわかっているから手を挙げにくいかもしれませんね」

そう言うと石川さんは笑った。石川さんの笑顔は場の空気を和ませる。

「いいわ。まずは一般的にはどういう教訓を得る話なのか、という説明をしてみてください」

石川さんは「一般的には」という言葉を強調しながら語った。

この問いであれば手を挙げやすい。ということで、早速何人かが手を挙げた。僕もその一人だが、まさか当たるとは思わなかった。

「あ、あの……この話は、一般的には勧善懲悪というか。つまり、悪い者は成敗される、といった教訓だと思います」

こういう時にしどろもどろになる自分が嫌だ。

続いてミズノが語る。

「あと、リーダーシップの話もあると思います。桃太郎がリーダーとなり、他の登場人物が桃太郎をフォローしたから鬼を退治できた、と」

「それを言うなら登場人物じゃなくて、登場動物だろ！」

今まで黙っていたヤマダも参加してきたことで、会場が一気に賑やかになった。

「まあそんな話はよく言われることですよね。でも、なんか変じゃない？　そもそも、なんでこの動物たちは桃太郎についていったのでしょうか？」

「そりゃ、あれですよ。お腰につけたキビダンゴ、一つ私にくださいな♪　ですよね。キビダンゴをくれたらお供しましょうと」

ヤマダ節が復活してきた。

「いや、でも、キビダンゴだけが理由なのか……？」

ヤマダは即座に自問自答した。石川さんの鋭いツッコミの気配を察したのだ。

「そう、そこ。さすがヤマダさん。キビダンゴくれたらついていく、なんて、随分適当な話じゃない？　キビダンゴはおばあさんがさっと作ってくれたものだから、そんな高価なものでもないはず」

確かに、鬼退治って人生を賭けた一大イベントのはずなのに、キビダンゴをくれたからってホイホイついていくって……どういう心境なのだろう？

「おそらく、鬼退治というビジョンに共感したのではないでしょうか？」

ミズノが発言する。彼女は良い視点を持っていると僕は思う。

「なるほど。それはあるわね。つまり、キビダンゴは単なる口実であり、鬼退治という目的に共感したと」

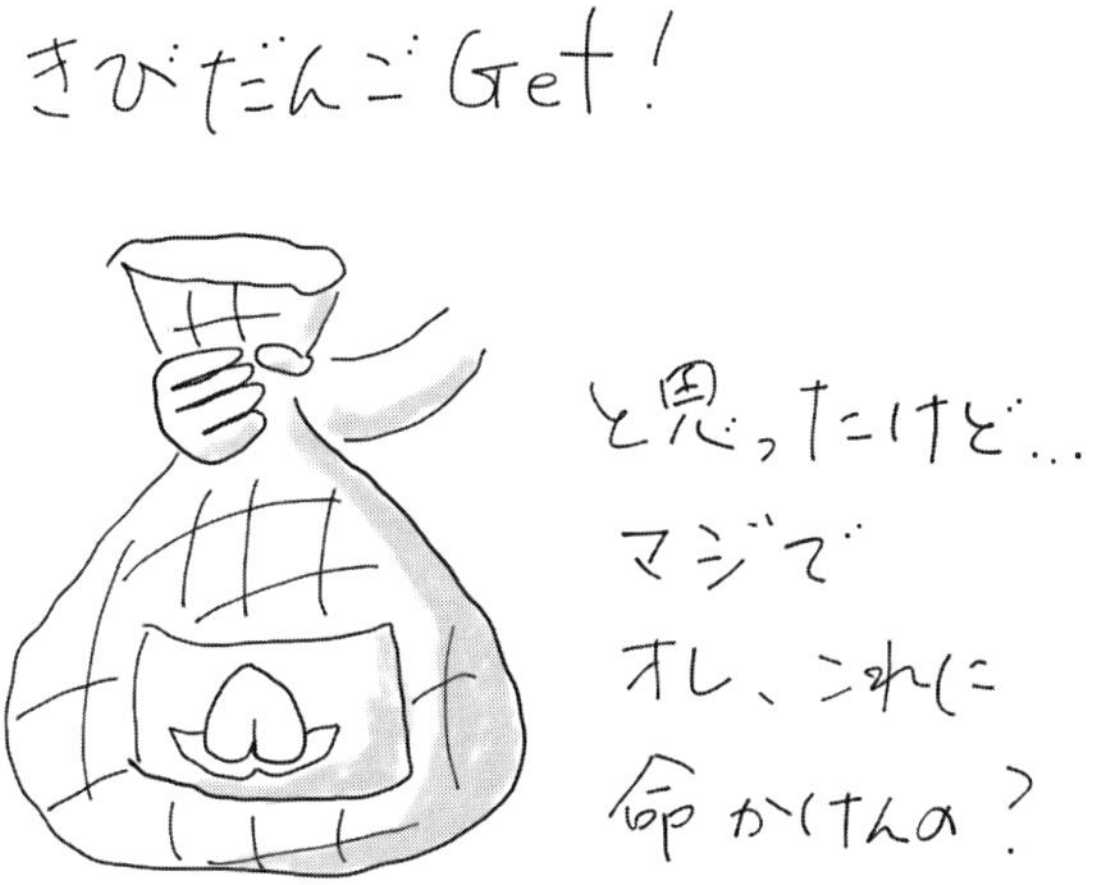
きびだんごGet!
と思ったけど…
マジで
オレ、これに
命かけんの？

『桃太郎』における真の動機づけは何か？

「そうです。大きなビジョンに共感すれば、報酬はどうでもよくなるんです」

ミズノは続ける。

「まあ、どうでもよくなるわけじゃないんですけどね。いずれにせよ、この話は、人は何に動機づけられるか、という話に繋がります」


「ではそこをちょっと深掘りしてみましょうか。みんなを動かすものは何？　何のために仕事をするのでしょう？」

石川さんは急に大きな問いを会場に投げかける。

「まぁ、ぶっちゃけ給料ですよね。いっぱいもらえれば頑張ります」

ヤマダが即答した。

「あらまぁわかりやすい。じゃあいくらもらえれば満足？」

「そりゃもらえるだけ。1千万円くらいもらえれば嬉しいですが！　是非よろしくお願いします」

「そうなの。ずいぶん安いんですね」

石川さんの思いがけないリアクションにヤマダは苦笑する。

「じゃあ全く同じ仕事だとして、2千万渡せば、その倍モチベーションは高まるかしら？」

「2千万ですか！　そりゃもう！」

「本当に？　モチベーションは倍増する？」

「確かに……どうでしょう。仕事の内容が変わらないと、モチベーションには限りがあるような」

「そう。まさに。じゃあ、その先さらにモチベーションを高めるにはどうしたらいい？　ヤマダさんを動かすには何が必要？」

「もっとこう、何かハートを焚きつける熱い何かが欲しいっす」

「たとえば？」

「社会に求められている仕事だとか、僕がいなきゃダメな仕事だとか、周りが僕のことを認めてくれている職場とか……ですかね？」

「さすが！　わかっているじゃない。その通り。つまり、動機づけって実は二つの手段があるんです」

と言って石川さんはホワイトボードの方に向かった。

「まず一つ目のカテゴリーが、『衛生要因』と言われるもの」

石川さんはその聞き慣れない言葉をホワイトボードに書く。

「この衛生要因というのは、仕事の不満足を打ち消すものです。たとえば、お金とか働く環境などが該当しますね。この衛生要因を高めることは不満足を打ち消すことには繋がるけど、満足状態を生み出すことにはなりません」

なるほど。ヤマダが言った通り、お金は一定以上は不満足を解消する上では重要だけど、それ以上もらってもモチベーションに繋がるわけではない。つまらない仕事で高い給料をもらい続けても息が詰まりそうになるだけだろう。

「では、満足度を高めるものは何か？　それが『動機づけ要因』と言われるものです」

石川さんは、『衛生要因』に並列して『動機づけ要因』と書き込んだ。

「動機づけ要因は、たとえば、達成感だとか周囲からの承認、もしくは仕事の意義といったことが該当します。ヤマダさんが言ったような、ハートが燃えるような仕事みたいなものね。これらは仕事の満足度を高めることに繋がります。だから、モチベーションを高めるには、衛生要因のレバーを動かしつつ、動機づけ要因のレバーも動かすことが大事なんです。この二つのレバーは一緒のものではないので、別々にアプローチしなくちゃなりません」

なるほど、二つのレバーか。

「このセオリーは、『ハーズバーグのモチベーション理論』と言われるから覚えておくといいですよ」


石川さんはホワイトボードに『ハーズバーグ』という言葉をおじさんのイラストとともに書いた。本当にそんな顔しているのか、というツッコミを入れたくなるが、そんな余計な言葉を挟む空気ではない。しかし、まあ考えてみればハーズバーグという難しそうなカタカナが与える印象ほど難しいことは言ってない。

振り返ってみれば、就活でＯＢ訪問をした際も、給料は非常に高いはずなのに不幸せそうに見

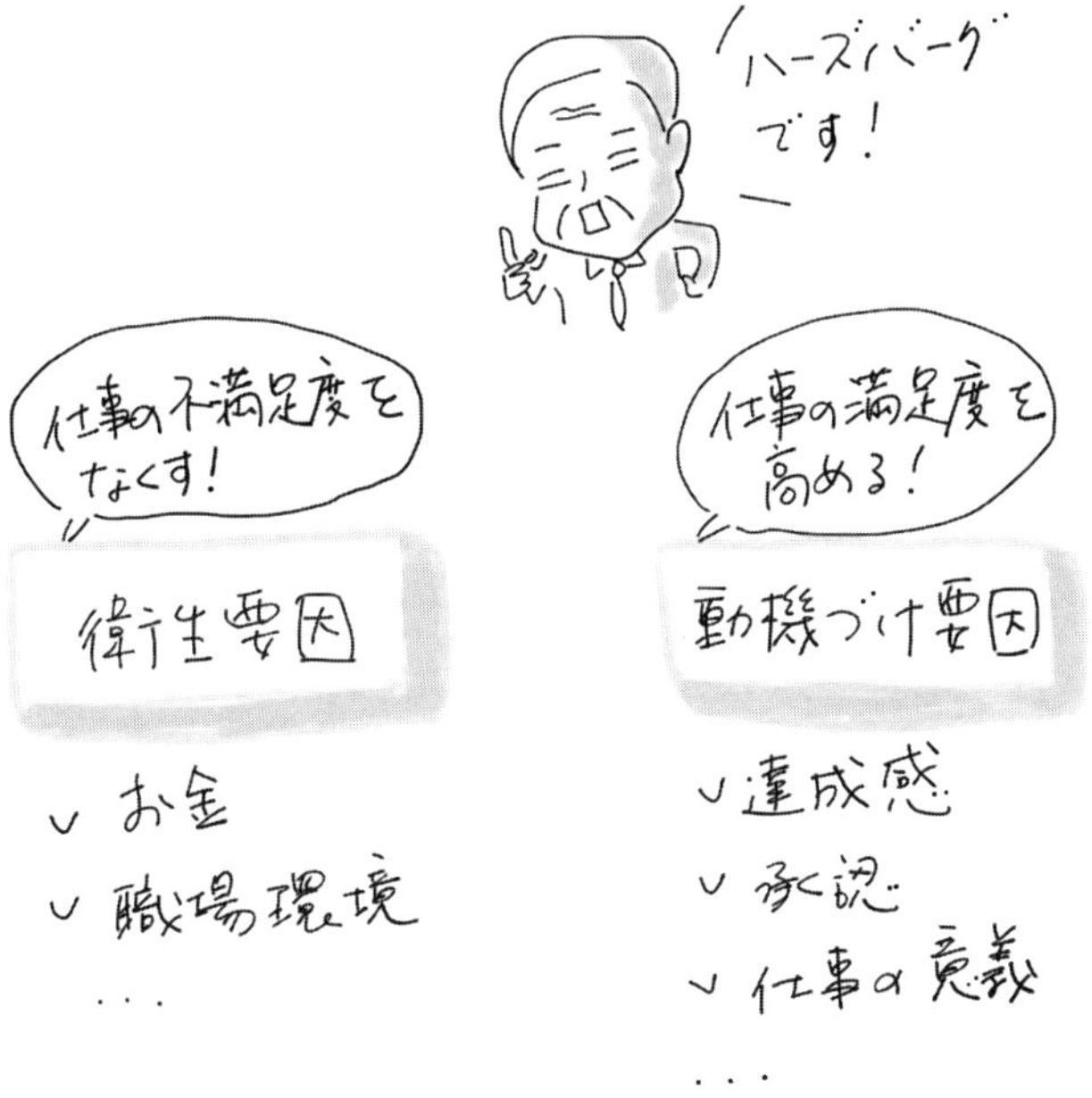

人のモチベーションを高めるには二つの全く異なる方向性がある

えたケースがあった。それは『衛生要因』はバッチリだったが、『動機づけ要因』は満たされていなかったということか。僕は改めて合点がいった。

「その観点で見ると、桃太郎についていった動物たちの動きはどう読み取れるでしょうか？」

話は急に『桃太郎』に戻った。

「あ、そうか。つまり、キビダンゴはあくまでも衛生要因。これで不満足を打ち消しつつ、鬼を倒すという大義によって動機づけ要因も満たしていたわけですね」

僕は思わず発言した。

「そう。彼らが喜んで桃太郎についていっているように見えるのは、その二つの要因を満たしていたから、と考えられます」

そこで石川さんは話を切って、みんなを見渡した。

「でもね、この話はかなり大きな問題をはらんでいます」

大きな問題……？

「私はこの『桃太郎』のストーリーは、今の世の中に悪影響を与えているとすら感じます。みんなは違和感を覚えませんか？」

違和感。なんだろう――。

「はい、そりゃ、なんで桃が流れてきて、桃から人が産まれるのかってことは最大の違和感でして！」

「はは！　桃ね！　確かに！」

ヤマダのとぼけた発言に対して石川さんが大ウケした。僕たちもつられて笑った。

「でもね、桃のミステリーは一旦置いときましょう。で、この大義についてどう感じましたか？

彼ら動物たちはここに共感したからこそ、モチベーション高く桃太郎についていったんですよね？」

大義は確か鬼退治をしに行く、ということだったはず。

「その大義をみんなはどう評価する？　そもそも、なぜ鬼を退治しに行くのでしょう？」

「え、そりゃ悪いことをしたからですよね」

当たり前なことを聞く石川さんの質問は注意した方がいい。と思いながらも、僕はつい反応してしまった。

「具体的に何をしたの？」

石川さんは僕に問う。

「えーっと」

と言いながら、僕は自分が話したストーリーについての記憶を探る。

「正直記憶にありません……。確かに何か悪さをしたんでしたっけ？」

「実はどんな悪さを働いたのか、ほとんど書いてありません。あくまでも寓話だし、明確なストーリーがあるのかすらよくわからないのだけど、鬼が何かを破壊したり強奪したりする直接的な記述は見当たらない。みんなもそんな記述を読んだ記憶はないでしょ？　少なくとも桃太郎の周囲には直接の被害者はいないんです」

「ってことは……？」

僕は自然に言葉を発していた。

「そう、平たく言えば、何か悪さを働いたっていう噂があって、どうもそいつは力が強くて怖そうな顔をしているっていうだけで退治に行っちゃうんです。そこのどこに大義があるのでしょうか？」

確かに、鬼＝悪いものだという固定観念があったが、このストーリーで鬼が悪いという証拠はないのだ……。

「桃太郎は桃から産まれて徐々に大きくなって、とっても力強くなった。それだったら鬼を倒しに行くか、というくらいのノリなんです」

「まるで『ドラゴンボール』だな。強い相手を見ると、戦いたくなっちゃう孫悟空みたいだ」

ヤマダが軽く挟む。

「そうそう、でも『ドラゴンボール』と違うのは、悟空は、相手の悪い所業を必ず見ているし、その上で少なくとも相手と対話をしているでしょ？　桃太郎はそんなことなく一足飛びに退治に行っちゃうんですよ」

確かにおかしな話だ。

しかし、まさか石川さんが悟空を語るとは思わなかった。ひょっとしてドラゴンボール世代なのか？

「私はこのストーリーに今の社会の課題を感じます。容易に社会を分断してしまう、という病巣を」

石川さんは言葉を区切る。僕には徐々に石川さんが言わんとしていることが理解できてきた。

「実は、こういう『桃太郎』型の薄っぺらい大義はあちこちに転がっているんです。対立関係を作って、そいつらを倒すとか、思い知らせてやる、という大義ね。敵がいると社会の運営はとても簡単です。その大義の下に一丸になりやすいから」

確かに……。言っている意味はよくわかる。ビジネスドラマは大抵そのパターンだ。「あいつら」というわかりやすい敵を生み出し、そいつらを叩きのめしてスカッとする。

「でもそのやり方はかなり多くの副作用を伴うんです。わかりますか？」

「敵を倒した後、どうするかですかね？」

今日初めてナガサワが発言する。

「そう。ナガサワさん、もう少し具体的に言ってみてもらえますか？」

「つまり、敵を倒すと大義が消滅してしまう。だから、新たな敵を探さなくてはいけなくなるんです」

「その通りです。一度世の中を分断すると、分断から逃れられなくなる。これはとっても危険なことなんです。外部に敵を作ることによって組織は一丸になる。しかし外部に適当な敵がいなくなると――」

「内部に敵を作るってことですね」

またナガサワが答える。

「そう、これは疑心暗鬼が原因なんです。わかりますか？」

疑心暗鬼？　どういうことだろう……？

「敵という存在は、ネガティブな感情がドライバーになります。悪い奴、とか、あいつら許せない、とか。で、こういうネガティブな感情を言葉にしているリーダーがいると、いつ自分がその対象になるのか、と内心とても落ち着かなくなるんですね」

確かにそうだ。いつ自分に矛先が向けられるのか気になってしまう。

「だから、外に敵がいなくなった瞬間、矛先が自分に向くのを防ぐために、内側で線を引くドライブがかかるんです。前から思ってましたがあいつ、ヤバくないっすか？と」

その話を聞いて、かつて大学時代のサークルで、派閥間の対立が続いていたことを思い出した。いつもどこかで線の引き合いが行われていた。その背景には、常に自分が仲間から外されるんじゃないかという疑心暗鬼が渦巻いていた。

「これが分断の危険性なんです。分断というのは禁断の果実。美味しそうに見えるけど、一度食べたら元には戻れません」

「ということは、桃太郎も、鬼退治した後が大変ですね。大義が消滅するわけですから」

僕も挙手せずに自然に発言をしていた。

「そう。ここで味をしめた桃太郎は、新たな敵を見つけたいと思うはず。この高揚感を忘れられずに。そして、おそらくはまた新たな敵を見つける。エンドレスな戦いになるんです」

「じゃあ、桃太郎はどうすれば良かったのでしょう……？」

僕はクラスの展開を予想しつつ、問いを投げかけてみた。

「良い問いですね。みんなどう思う？」

「鬼を退治に行くのではなく、鬼との対話が必要だと思います。いきなり問答無用で戦いに行くのはさすがに酷い……」

こういう時のナガサワは言葉が鋭い。

「そうですね。鬼の立場から考えると、桃太郎こそテロリストですね」

桃太郎がテロリストという表現に、ちょっと笑いが漏れた。

「そして、対話を通じてどうしたら良いかしら？　相手は悪行を働いているという噂のある異形の鬼ですよ」

「話が通じるという前提で、まずは悪行の事実関係を問いただします」

ミズノが答える。

「なるほど。そしてもし悪いことをしたのであれば、まずはその反省が最初ですね。その上でどうしますか？　何を目的に対話をするのでしょう？」

「うーん、対話の目的ですか……？」

しばらくみんな沈黙して考える。

「あ、やっぱり対話するならば、自分と鬼の共通項を見出したいですね。鬼とはいえども、自分と同じことはあるはずですから」

ミズノが考えを整理して力強く答えた。僕もその通りだと思った。

「そう、まさにそこ。一見違うと見えても、いや、違いが見えるからこそ共通項が大切になるんです。そして、一番強力な共通項は何だかわかります？」

一番強力な共通項——？

「それが世界観です」

石川さんはホワイトボードに大きく『世界観』という言葉を書いた。

「つまり、どういう世界を実現したいか、ということ。鬼だって姿格好は怖いだけで、平和に暮らしたいと思っているかもしれない。だからこそ、どんな世の中にしたいか、という対話が必要になるんです。そして、そこでもし共通認識が出来上がれば——分断のワナから逃れることができます」

確かに、細かい違いとかにこだわらず、大きな方向性さえ揃えることができれば、そのための手段をフェアに議論することができるだろう。

「対話というものは地味です。鬼を退治した方がニュースとしては華々しくなる。桃太郎の名前も一躍広がる。でも、繰り返しになるけど、その分断地獄から逃れられなくなるんです」

「みんな、スペインの思想家であるオルテガのことを知っているかしら？」

オルテガ？　聞いたことがないのは僕だけではなさそうだ。

「オルテガは、かつて『大衆の反逆』という著書で、敵とともに生きることや、反対者とともに統治することの重要さを語ったわ。どんなに敵だと見えても、一緒に生きる選択をしろと。オルテガはスペインの内戦を目の当たりにして、分断社会の危険性を深く理解していたんですね」

石川さんは言葉を切る。

「だから、桃太郎も、簡単に鬼に敵だというラベルを貼って、鬼退治という見せかけの大義を語って仲間集めした段階で、もうアウトなんですね。そんなチンケな大義ではなくて、もっともっとこの世界をどうしたいかという『世界観』を語るべきだったんです」

リーダーには『世界観』が大事、という言葉はよく耳にする。しかし、その意味を深く考えたことはなかった。

「人間はね、対面していると、いろいろな違いばかりが見えてしまいます。フェイス・トゥ・フェイスではダメ。そうではなくて、隣に座り合って、同じ方向を見ながら共通項を語り合うんです。サイド・バイ・サイドにね」

鬼も桃太郎も、遠くを見つめながら世界観を一緒に考えて作っていって欲しい

僕の頭は、鬼と桃太郎が隣合わせになって、遠い空を見つめながら対話をしている姿を想像していた。教訓的な寓話としてはそっちの方が100倍素晴らしいはずだ。

「だから、なんでこんな薄っぺらな教訓しかない昔話が未だに語り継がれているのか、とっても残念なんです。こんなしょうもない大義と、それに伴う社会の分断化こそ、今の社会の問題だと思いませんか？」

確かに……。『桃太郎』から社会問題が語れるとは思ってなかった。

「さっき話したハーズバーグの動機づけ要因においても、この大義の中身が重要です。単なる分断化の大義でモチベーションを高めるのは危険なんです。それを忘れないでくださいね」

石川さんは会場を見渡す。

「さてと。今日の私の時間はここで終わりだけど、今日のメッセージは、この会場にいるみんなに届いたかな？」

石川さんは場内をぐるっと見渡した。

「まさか、とは思うけど、薄っぺらい大義を振り回して、分断を起こしていないですよね？　こんな同期というかけがえのない利害関係のない集団内で『分断の果実』を味わったら、先が思いやられます。その点、よく考えてみましょうね」

石川さんは、対立しているグループの存在をわかっているかのように、最後にそれぞれのグループのリーダー格に鋭い目を向けてから、会場を後にした。

僕は、その言葉の意味を噛み締めつつ、いつもの手帳に急いで今回の学びのメモを取った。

新人研修　石川さんセッション

4

働く意味と『桃太郎』

○モチベーションには、「衛生要因」と「動機づけ要因」という二つの要因がある
○「衛生要因」とは不満をなくすドライバーであり、「動機づけ要因」は、満足度を高めるドライバーになる
○「動機づけ要因」において、何を目指して働くのか、という大義は重要になる
○しかし、敵という存在を前提にした「分断の大義」は、エンドレスな分断を招くので要注意
○真の大義は、「どういう世界を実現したいのか」という「世界観」がベースになる

僕も共感できる「世界観」のある組織で働きたい！

Session

5

北風は相手への憑依が足りない

配属面談が僕に重くのしかかっている。

面談まであと数週間だ。

石川さんから授かった「ギフト」によって、僕には明確に自分の配属希望先が見えてきていた。その部署は、これからの市場成長の可能性が高く、僕がチャレンジできることは多そうだった。

そして何よりも、その部長の「世界観」に共感できたことが大きい。先週の研修の直後、社内ウェブに掲載されている希望先の部長のメッセージを見てみたのだが、業績オンリーではなく、より良い世の中を作っていこうという視点に共感を覚えたのだ。「世界観」に着目するというのは、先週僕が手に入れた「ギフト」だ。分断ではなく、共通項を見出すことに努力すること。そしてそのために、目線を遠くして成し遂げたい世界を共有することに注力すること。この「世界観」というギフトは、僕に新しい判断軸を授けてくれた。

しかし、どうやら僕の希望する配属先は人気が高いらしい。ヤマダも含めて親しい友達に聞いても、必ず候補に上がっている。例年の傾向から言えば、配属者は数名だから、倍率は数倍になることは間違いない。みんなライバルだ。そんなライバル陣に対して、これと言った特徴のない自分は、何をＰＲすべきなのか——それが大きな悩みのタネだった。金曜日のセッションが終われば、ようやく楽しい週末のはずだが、残念ながら今は仲間たちと楽しくお酒が飲める気分ではない。

「また自己PRか……」

就活でやり終えたはずの「自己PR」という行為を、こんな短期間でまたやらなくてはならないとは想像していなかった。

「配属は人生を変える」という石川さんの一言は、まだ頭の中に強烈に残っている。こんな一言に囚われてしまう自分も、我ながらマジメだと思う。僕がライバルに勝つためには何を言うべきなのか。僕はそれをじっと考えていた。

○　○　○

気づくと、既に石川さんは目の前に立っていた。

今日は心なしか肌寒い。石川さんはピンク色の長袖のシャツを腕まくりした姿での登場だ。なぜだか石川さんには腕まくりスタイルというのがしっくりくる。常に何かにチャレンジしている、という雰囲気を感じさせるからだろうか。

しかし、このクラスも残すところ今日を入れてあと2回。早く現場に出て仕事をしてみたい、と思うものの、毎週1度のこの時間がなくなるのは寂しい。

「そろそろ配属面談ですね。どう？　考えは進んでいますか？」

石川さんは開口一番、僕が最も気にしていたことを話し始めた。

誰も反応の仕方に戸惑っているのか、リアクションがない。「はい」と言えば突っ込まれそうだし、「まだ」と言えば逆にその理由を問われるのは間違いない。

「まあいいでしょう。みんなにとっての人生の分かれ目ですから。甘く見てると後悔は10年後くらいに襲ってくるから、真剣に考えてくださいね」

またニッコリと厳しいことを仰る。それが石川さんだ。

「さて、このセッションも残り2回。みんなの役に立っているのかどうかわかりませんが、まあ
あと2回しかないから、頑張ってくださいね。そして、今日は『北風と太陽』です。知ってますね?」

『北風と太陽』。そりゃたしかに聞いたことはある。僕は小学校低学年の時に国語の教科書に描かれていた旅人のイラストを思い出していた。

「あれですよね……。北風と太陽が、歩いている旅人を前にして、どっちがコートを脱がせられるか勝負しようと。で、北風が風を吹きかけると、旅人はコートが脱げないように必死になる。一方で太陽が照らすと旅人は自分からコートを脱ぐ。つまり、無理やり力ずくで人を動かそうとしても動かない……、という教訓だったと記憶しています」

先回りした僕は、教訓まで含めて一気に語った。

「そうそう。そんな話でしたね。まあ、未だにこの比喩は良く使われるし、『太陽政策』なんていう言葉もあるくらいだから、さすがに覚えていますよね」

太陽政策……？　みんな一様に不思議な顔をしている。

「あら、みんな知らないんですか？　年代の差ですね。２０００年前後の韓国では、北朝鮮に対して温かい姿勢で融和を進めようという動きを『太陽政策』と呼んでいたんですね。もう20年も前の話だから、知らなくて当然かも。でも、この『北風と太陽』はイソップ物語だから、この寓話もグローバルに使われるんです」

石川さんはさらっとフォローしてくれた。なるほど。勝手に日本のストーリーかと思っていたが、そんなことはないのか。

「この話の教訓は、既にサカモトさんが言ってくれた通りのことなんですけどね。つまり、力ずくで無理やりやったら失敗するってこと。みんな最近の事例で思い当たる節はないですか？」

力ずく、か。僕はどちらかというと、そんなに強引というタイプではなく、引っ込み思案な方なので、北風的なアクションをした記憶はそれほどないが……。

「思い当たる節はありまくりですよ！」

ヤマダが元気よく手を挙げた。もうこの時点で笑えるのはヤマダのキャラのお陰だろう。

「先日合コンに行ったのですが、こっちから積極的にアプローチしても相手は逃げるばかりなんです。僕の魅力を伝えまくったんですけどね。ところが、一緒にいたイケメンが『どうしたの？　困っていることはない？』って優しく声を掛けたら、一気にコロッといっちゃって。なので、この寓話は、『ヤマダとイケメン』というタイトルに変えてリニューアル版を出してもいいでしょうか」

僕たちはヤマダの独特の言い回しに爆笑した。相変わらずヤマダは話がうまい。必死になってフラれるシーンが手に取るようにイメージできる。

「うん、それは笑える事例ですね」


「ところで、突然話を変えるけど、ヤマダさんはプレゼンテーションって得意?」

いきなり話が変わった。ヤマダの合コン話をどう深掘りしていくのか楽しみにしていたので、展開についていくのに必死だ。

「そりゃ……得意とまでは言わないですが、それなりに好きですよ」

と、柄でもなく遠慮がちにヤマダが言う。

「確かにね。ヤマダさんは人前で話すことは好きそうですね」

「まあ、小さい頃から人前は大好きだったもんで」

できるだけ人前を避けていた僕とは場数が異なることはすぐわかる。

「でも、ヤマダさん、実はプレゼンが下手だったりしない?」

急に石川さんは問いかけた。

ヤマダは一瞬「えっ」という表情をしている。

「どういうことっすか?」

「私はヤマダさんのプレゼンを聞いたことがないので、実際に下手かどうかはわからない。でも、ヤマダさんみたいなタイプは結構プレゼンが下手だったりするんです。一般論ですけどね」

「え？　いやいや、確かにうまくはないですけど、そこそこ喋れるはず、とは思いますよ」

ヤマダの口調からして、プレゼンには自信があるらしい。珍しく石川さんに対して挑戦的だ。

「ま、ヤマダさんがそこそこ喋れるってことは認めるわ」

石川さんはにっこり笑ってヤマダの挑戦をやり過ごした。

「でも一つ明らかにしておきたいことがあります。それは、喋れることとプレゼンテーションは違うということ。もしヤマダさんが、プレゼンテーションを人前で喋る技術だと考えているのだとしたら――それはプレゼン下手の道にまっしぐらですよ」

ヤマダはまだ納得していないという表情で石川さんを見つめる。

「いいでしょう。じゃあ、みんなに聞くわ。良いプレゼンって、たとえばどんなものをイメージします？」

「スティーブ・ジョブズのプレゼンですかね。彼みたいにビジュアル使いながら、自分の言葉で堂々と話すってことが大切かと」

重たい空気の中、僕が答えた。

「そうですね。よくスライドを読んじゃったり、下向いたまま喋っちゃう人がいるからね。ジョブズはそうではないですね」

「はい。あと、日本人でも孫さんのプレゼンはうまいと思います」

僕は続けた。

「まあジョブズも孫さんも否定しない。確かにうまいと思います。でも、そこに注目していたら、私たちは良いプレゼンテーターにはなれない。わかります？」

石川さんは一呼吸置く。

「プレゼンって何のためにやるんでしょう？　うまいプレゼンを見せつけるため？　プレゼンって何か技術点を競い合うコンテストなのでしょうか？」

石川さんがまた例の笑みを含んだ表情で僕を見る。もちろんコンテストではない。しかし、良いプレゼンとは——何だ？

「はい！」

いきなりナガサワが挙手をした。その勢いにびっくりした。

「プレゼンにはそれぞれ目的があるんです。人を動かしたいとか。そして、聞き手もそれぞれです。その目的や聞き手に適していたかどうかで評価されるべきであって、話し方とかツールとかはどうでもいいってことですよね！」

いつものことだが、ナガサワの発言は「切り込んだ」という表現が似合うくらい、シャープだった。

「そう、まさに！　話し方やツールがどうでもいいわけではないけど、それを主眼にしてはダメですね」

石川さんはみんなを見渡した。石川さんと目が合うと、自分が指されるのではないかと冷や冷やする。

「そうではなくて、まずプレゼンの目的と聞き手をしっかり理解する。そしてこの間に広がるギャップを正確に測定して、その測定距離に合わせてどんな手段で伝えるのかを決めるってことが大事なんです。裏を返せば、目的と聞き手のギャップが小さければ、手段であるプレゼンなんてどうにでもなるわけですね」

石川さんは、ホワイトボードの左側に『相手』、右側に『目的』という言葉をイラストともに書き込み、その二つのハコを矢印で繋いで『ギャップ』という言葉を記入した。そして、そのギャップの下に、矢印を引っ張って『手段』と書いた。

「いいですか、プレゼンというのはあくまでも『手段』。まず大事なことは、『目的』と『相手』の間に生じるギャップの距離感を理解することなんです。この距離感の測定ができないプレゼンは、単なる自己満足です」

聞けば当たり前のことだが、僕はジョブズや孫さんの『手段』ばかりを意識していたのかもしれない。

「ということで、ヤマダさん、さっきの私の発言に戻ります。私の意図するところは、喋ることを目的にしちゃダメってこと。それはすぐに自己満足になってしまうから」

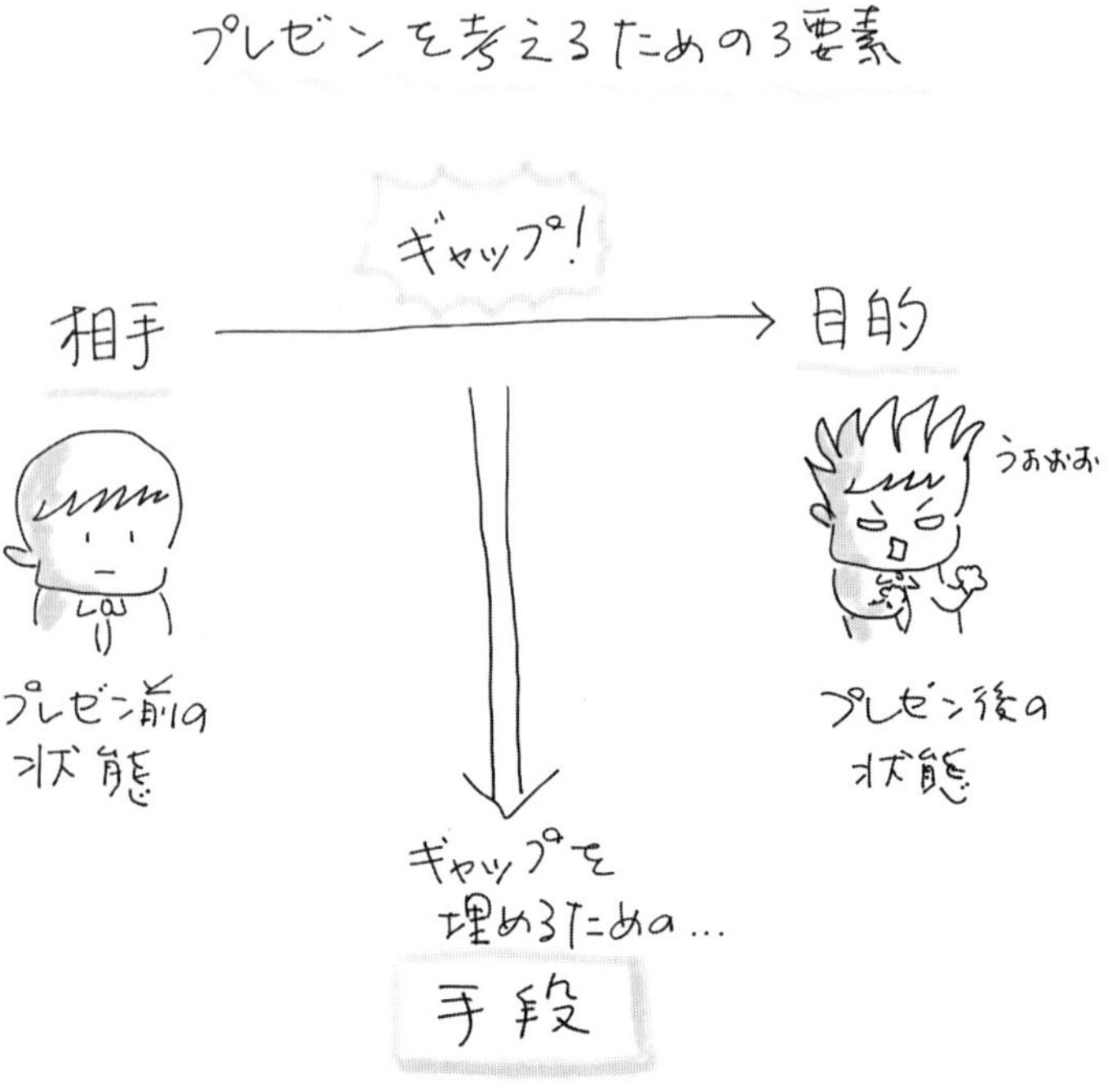

プレゼンを考える際は、『相手』を理解し、プレゼンの『目的』とのギャップを考えてから『手段』を具体化する

ヤマダは石川さんの発言を受けて口を開いた。

「なるほど……。喋り方に自信があればあるほど、ギャップへの関心が疎かになるわけですね。だから、僕みたいなお喋りは、喋りばかりに意識が向いて、プレゼンが下手になってしまう、そういうことですね」

「そう、その通り。でも、繰り返すけど、ヤマダさんがプレゼンが下手って決めつけているわけではないから」

石川さんは微笑みながら伝えた。

「さて、みんなは『北風と太陽』がこのプレゼンの話とどう繋がるか、気になっているかもしれません」

毎度のことながら議論に熱中して、寓話から入っていたことを忘れてしまっていた。

「もう一度整理すると、『目的』『相手』『手段』というこの三つの整合が取れているかが大事ってことでしたね」

みんなの理解を確かめるように石川さんはゆっくりと語る。

「で、北風くんはこのフレームで考えると、何をしたのでしょう?」

「北風はコートを脱がすという『目的』だけを考えて、ストレートに『手段』を考えてしまったってことですね」

またナガサワが勢い良く発言した。

「そう。で、何が抜けていたかというと――、それは『相手』の視点ですね」

「で、太陽くんのアプローチというのはここに『相手』という視点が加わったからこそ、最終的に『目的』を達成することができたんです」

石川さんは改めて殴り書きの『目的』『相手』『手段』のフレームをペンでグルグルと囲んだ。

「太陽くんには、他者の視点があるの。相手がかけているレンズから物事を見る、見ようとする姿勢がある。それに対して北風くんは圧倒的に自分ファーストよ。自分のレンズでしか世の中を見ていない。この大きな違いはわかりますね」

僕は石川さんが書いたホワイトボードを見ていた。プレゼンという手段にこだわる北風。それに対して、目的や相手の視点から構造を捉えようとする太陽。この太陽のような物事の捉え方がなければ、プレゼンは単なる押し付けになってしまうだろう。

「この『北風と太陽』の話は、当然ながらプレゼンだけに関わる話ではありません。ビジネスセンス、という点でも、この話は応用できます」

次はどんな話が出てくるのか、興味津々だ。

「みんな『ウルフ・オブ・ウォールストリート』という映画を見たことある？」

えーっと……あ、レオナルド・ディカプリオの作品だっけ……？

「結構下品なんだけど面白い作品よ。その1シーンでディカプリオがこういう問題を出すんです」

石川さんは芝居がかった様子で、手元のペンを取り上げ、僕の目の前に突きつけた。

「俺に、このペンを売ってみろ」

え……これは僕にリアクションを求めているのだろうか……？

「俺に、このペンを売ってみろ」

固まっている僕に対して、石川さんは再度畳み掛けてきた。

「えーっと」

と言いながら僕は石川さんからペンを受け取る。

「このペンは、こう見えてもとっても高級品なんです。書いてみればわかりますが、書き味が大変優れていて……」

「俺に、このペンを売ってみろ」

石川さんは何も言わず僕からペンを取り上げ、隣に座っているヤマダにペンを突き出した。

ヤマダはペンを受け取ってしばらく考えながら話した。

「このペンは……実は徳川家康公が使っていたペンでして」

思わぬ家康の登場にみんながクスッと笑う。家康の時代にボールペンはないだろうと内心ツッコミを入れたいが、石川さんは表情を変えない。

「さて、この映画での答えは何か。残念ながら、ペンの機能でも、家康公でもありません」

「供給」ではなく、「需要」に着目せよ！

石川さんは顔の横でペンを振りながら僕たちに話しかける。

「それは、相手に紙を差し出して、この紙に名前を書いてくれ、というだけなの。つまり、相手がペンを使う需要を作り出す。そうすればペンを供給することに意味が出るわけ。それを無視して、需要がない中で供給ばかり打ち出してもダメなんです」

なるほど……。供給ばかり語りたくなってしまうけど、需要側に目を向ける、か。

「さっきのフレームワークに戻ると、この映画の話は、『ペンを売るという目的』に対して、相手側に『ペンが必要となる需要』を作ってから、最後に『ペンを供給する手段』を添える、ということなんです。難易度は異なるけど、目的と相手に目を向けてから手段を考える、という意味では同じことです」

石川さんはホワイトボードに、『需要』と書いて、そこに『供給』という言葉を矢印で繋げた。

「ビジネスは、この需給関係を正しく捉えることが何よりも重要です。そして、まずは需要から考えること。無ければ生み出してしまうこと。ここがポイントです」

石川さんはホワイトボードの『需要』という言葉を汚く丸で囲った。もはや『需要』という文字は判読不能になった。

「でもね、残念ながら9割以上のビジネスパーソンは、供給に心を奪われてしまうんです」

さっきのボールペンの話で、ペンの特徴について語ってしまった僕は、9割の残念な方に入ることは間違いない。

「なぜだかわかります？」

石川さんは会場全体を見渡しながら問いかけた。

僕はなぜあの瞬間、ボールペンについて反射的に語ってしまったのだろう。

そうか。僕は手を挙げた。

「供給は、目に見えるから……ですか？」

石川さんが大きく頷く。

「どういうこと？　聞かせて？」

「つまり、先ほどの例で行けば、ボールペンは目の前にあって見える。だから、そのことを語りたくなるんです。一方で需要というのは目には見えません。だから、需要に着目するってことは本質的に難しいのかなと」

僕は、石川さんの表情を読みながら、一気に語った。

「そうそう。その通りです。これは、具体と抽象の引力の話なんです。ふふ。ちょっと難しい言葉遣いしましたね。つまり、具体的に見えているものって、自分たちが思っている以上に強い引力を持つってこと。抽象的な概念はその勝負にすぐに負けちゃうんです」

石川さんはホワイトボードを振り返る。

「もう一度、この『目的』『相手』『手段』の図を見て。『目的』『相手』というのは、実は結構見えづらいんです。『目的』って定義しにくいし、『相手』のニーズってわからないでしょ？　それ

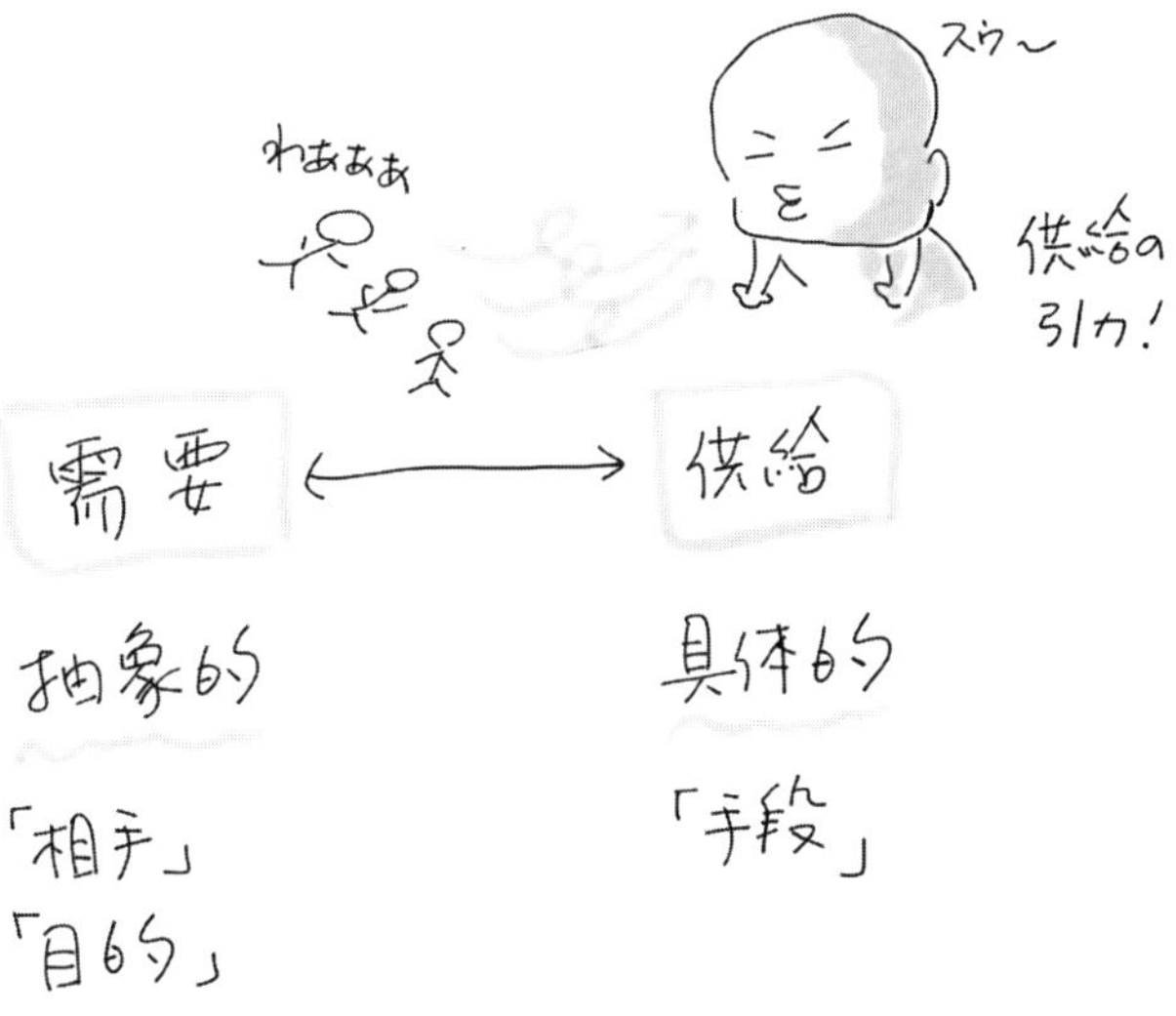

「供給」はいつも具体的で引力が強い。そのために相手側の「需要」を考えることが疎かになってしまう。

に対して、『手段』というのはパワーポイントの資料とかさっきのボールペンのように目の前にあるから、そこに執着しちゃうんですね。この具体的な『手段』の引力に負けちゃう人は、マーケティングのセンスも厳しいってことを覚えておいてください。こういう人がマーケターになると、どれだけマーケティングの知識を持っていても、売れない商品やサービスを生み出しちゃうんです」

マーケティング――。僕は商学部出身だからマーケティングについてはそれなりにわかるつもりだが、この話とどう繋がるのだろう？

「マーケティングっていう言葉がいきなり出たので、せっかくなのでマーケティングについてわかっている人、ちょっと説明してくれませんか？」

周りを見渡して、誰も挙手する様子を見せないことを確認してから僕は手を挙げた。

「マーケティングは、商品が売れる仕組みを作るための考え方とよく言われます。売る仕組みじゃなくて、売れる仕組みですね」

僕は一呼吸置きながら考えを整理する。

「代表的なフレームワークはＳＴＰ　４Ｐと言われます。顧客を分けて、ターゲットを決めて、ポジショニングを設定してから……」

「はいはい、ちょっと専門用語出しすぎ。わかりにくい！」

え……。ああ、ついつい熱く語ってしまった。

「今の発言も引力に引っ張られましたね。わかります？」

「……」

「つまり、サカモトさんは商学部だった。マーケティングを勉強してきた。要するに、手持ちの具体的な知識の引力が強すぎて、その他の人たちがどれだけの知識を持っているのか、この場の目的は何なのか、という抽象的なことを考えないままに話し始めてしまった」

あぁ。その通りだ。ドヤ顔で話した自分が恥ずかしい。

「本当のマーケティングの実践者は、まずマーケティングを語る前に、この場の人の知識レベルを考えるはず。つまり、聞き手についての考察を深めるのね。さっきの『手段』の図を見て」

僕は何度この失敗をすれば良いんだろう。もうこの短時間で、石川さんの言いたいことは十分理解できた。

「もう先に進んで大丈夫かしら？　サカモトさん？」

「はい、そりゃもう」

僕は言葉にならない言葉で返した。

「じゃあ話を戻しましょうか。サカモトさんが専門用語で語ってくれたけど、マーケティングで大事なことは、この図で言えば、『手段』を一旦忘れるってことなんです」

ホワイトボードの『ギャップ』の下にある『手段』という言葉に、石川さんはこれでもかとい

う バツ印を書き加えた。

「そして、大事なのはここ」

石川さんは『相手』にグルグルと丸印の上書きをしていく。

「よく『顧客思考』って言いますが、『手段』を意識したまま『相手』、つまり顧客を見ても、まともに見ることはできません。だって、目に見える『手段』の引力は強大ですからね」

これはさっき教えてもらった内容だ。

「だから、『手段』を忘れることが大事。そして、何も考えずに、本当にまっさらな『相手』が考えていることを、興味を持って想像するんです。たとえば、この顧客候補の人は、普段何を考えているんだろう、どんなスケジュールで行動しているんだろう、日々不満に感じていることって何だろう……ってこと」

そうそう。そんなことを大学の授業で教えてもらった記憶がある。

「その『相手』の視界に入り込んだら、その視点でようやく『手段』の登場です。つまり、自社の商品がその視界にどんなふうに映るのか、ということを考えてみる。この順序を間違えちゃダメなんです」

みんなは真剣な表情で石川さんの話を聞いている。石川さん以外のセッションでは見られない集中力だ。

「でもどんなに努力しても、私たちは本当に『相手』が何を考えているかを知ることはできない。だからこそ、私たちは努力しなきゃダメ。『相手』の視点に憑依するくらいの努力が重要なんです」

相手への憑依、か。そんな言葉をマーケティングの文脈で聞くとは思わなかった。でも、カタカナを並べただけの僕の言葉よりもよっぽど説得力があると思った。

「さて、今日は『北風と太陽』をベースに話しましたが、この『目的』『相手』『手段』のバランスが崩れてしまっているタイプの問題は、私たちの身の周りで至るところに転がっています」

石川さんは一呼吸置く。

あ……それはもう身近に迫っている……。

「配属面談……」

僕のボソッと呟いた言葉が会場内に広がった。

自己PRをどうするか、ということを必死に考えていたけど、それは『相手』に対する考察抜きで、『手段』ばかりを考える『北風スタイル』そのものではないか。

僕はこのタイミングで『北風と太陽』を取り上げてくれた石川さんの意図を、ようやく読み取った。

それとともに、僕の配属先を考える『相手』って一体何なのだろう？ 何を求めているのだろう？　と考えようとしたが、実は全くそれを考える材料を集めていなかったことにも気づいた。

こんな『手段』ばかり考えてきたコミュニケーションに対して、何も疑問を持ってこなかったことに対して、改めてゾッとした。

みんなも同じように、来るべき配属面談に対して思いを巡らせていたのだろう。誰も喋らなかった。

「さ、みんな相手への憑依、頑張ってくださいね」

その言葉を最後に、石川さんは会場から去っていった。

新人研修　石川さんセッション

5

『北風と太陽』とマーケティングの本質

○プレゼンテーションは、「目的」と「相手」の間にあるギャップを埋めるための「手段」である

○「手段」は目に見えやすいから、真っ先に考えてしまうが、手段に執着すると自己満足になりやすい

○マーケティングの本質は「相手」を理解すること。相手に憑依するくらいの姿勢で考え抜くことが重要

僕の配属面談に登場する「相手」とは誰だろうか？　もっと情報を集めて、その人の立場に憑依して考えなくては！

Session

6

藁を手に旅に出よう

先週の内容の「相手を理解すること」、「具体的な手段の引力に負けないこと」という「ギフト」は、今の自分にとってとてもタイムリーだった。配属面談において、何をどう伝えようかということしか頭になく、受け手側の関心について考える必要があるのはよくわかった。しかし、今の僕には相手の具体的なイメージが持てない――。ということで、先日、OB訪問をした配属志望先に所属している先輩に連絡を取り、電話で「今の部署における新人に求められる要件は何なのか？」ということを思い立って聞いてみた。

かつての僕だったら、こんなことはしなかったと思うのだが、この短期間でも不思議なくらい「変わった」という手応えがある。これが社会人になることなのか……自分はここまでの変化に満足していた。

しかし、まだ僕には多くの課題があった。平たく言えば、先輩から聞いた「要件」の抽象度が高く、僕がそれに該当するのかがわからないのだ。たとえば、先輩からは「自分の強みを活かせる人材」という言葉を聞いた。自分らしさが大事だと言うのだ。しかし僕はその言葉を聞いて、さらに悩んでしまった。確かに「強みを活かせる」というのはその通りだと思うが、これはどこまでのことを指すのだろうか……。僕は英語が喋れるわけではないし、テクノロジーに強いわけでもない。平凡な人間だ。そんな僕が「強みを活かす」というのはどういうことなんだろうか？

最後の石川さんからの研修を前に、僕の悩みは深まっていた。

○　○　○

石川さんは最終回という意識がないのか、いつも通り颯爽《さっそう》と登場し、何事もないようにセッションをスタートさせた。

「さて、皆さん、こんにちは。今週もこの時間が来ましたね。何だか1週間がすぐ経っちゃいます。歳を取ると時間の流れが早いんです。気づくと皆さんもあっという間に40歳を超えちゃうから気をつけてくださいね」

石川さんは微笑む。さらっと言った40歳という年齢は、石川さんが40歳を超えているということなのだろうか？　今まで年齢不詳だった石川さんだが、具体的な数字が出てきたことで、俄然興味が湧いてきた。僕は石川さんのことを知らなすぎる。

「さあ、今までいろんな寓話を扱いましたが、今日は『わらしべ長者』にチャレンジしましょう」

石川さんは僕の関心をよそにさっと話を切り替えた。

「『わらしべ長者』ってみんな覚えてます？」

みんな一様に自信なさげに目を合わせる。

『わらしべ長者』……。言葉は知っているが、ストーリーの記憶は正直あまり残ってない。

「あのー、ラッキーに成り上がっていく人の物語でしたっけ……？」

ヤマダが自信なさげに発言する。

「そう。『わらしべ長者』的ストーリー、みたいな言われ方をする人もたまにいますね。偶然の出来事をキッカケに出世しちゃうようなパターンです」

石川さんは会場内の雰囲気を察知して、すぐに言葉を継いだ。

「でも……今回は誰も詳しくないようですから、私から概要を説明しますね。ある貧乏な人がいます。働いてもちっとも豊かにならないので、観音様に祈ります。そうすると、観音様から『最初に触った物を、大事に手に持って旅に出なさい』というお告げをもらうんです。で、旅に出るのだけど、最初に触ったのが、なんと転んだ時に手元にあった藁だったんですね」

石川さんは何かを摑む仕草をする。

「スタートはまさかの藁。でも仕方なくその藁を手にした男は、顔の周りを飛んでいた煩わしいアブを藁に括り付けるんです。そうしたら、そのアブ付きの藁を欲しがる男の子に出会います。お母さん、あれが欲しいって。で、その母親がその藁とミカンと交換しようと言うので、交換する。そこからの細かい話は割愛するけど、誰かと出会うたびに持ち物がアップグレードしていくんです。ミカンが反物になり、反物が馬になり、そして馬が最後屋敷に変わってお金持ちになる。こうして、最初は藁からスタートした貧乏人が、一気に金持ちになったことから、藁しべ長者と呼ばれるようになった……そんなストーリーなんですね」

石川さんは一気に話し、ホワイトボードに、

『藁しべ↓アブ付き藁しべ↓ミカン↓反物↓馬↓屋敷』

とイラストを添えながら一気に書いた。喋りながら素早くイラストを描く。このスピード感はほとんど芸術的だ。

「さて、ここからが本題です。この話をみんなはどう解釈しますか？」

この発言をきっかけに、クラスには独特の緊張感が漂い始めた。この緊張感も最後だと思うと名残惜しい気もするが、今はそんな悠長なことも言っていられない。

「解釈でもないのですが、ずいぶん都合のよいストーリーだとは思いました。まぁ運が良いというか。でも、敢えて解釈をするならば、前向きに生きることの重要性……ということくらいですかね」

ナガサワは良くも悪くもストレートだ。思ったことがそのまま出る。

「ふふ。確かに都合の良い話ではありますね。都合良すぎてあんまり学ぶところがないと？」

「何もないわけじゃありませんが、無理してこんなリアリティのない話から学ぶ必要もないんじゃないかと」

確かにナガサワの話には一理ある。が、そんなことは絶対僕からは言えないだろう。

「そう。みんなも同じような感想ですか？」

僕は石川さんのサポートになるような何か気の利いたことを言いたかったが、何も出てこなかった。

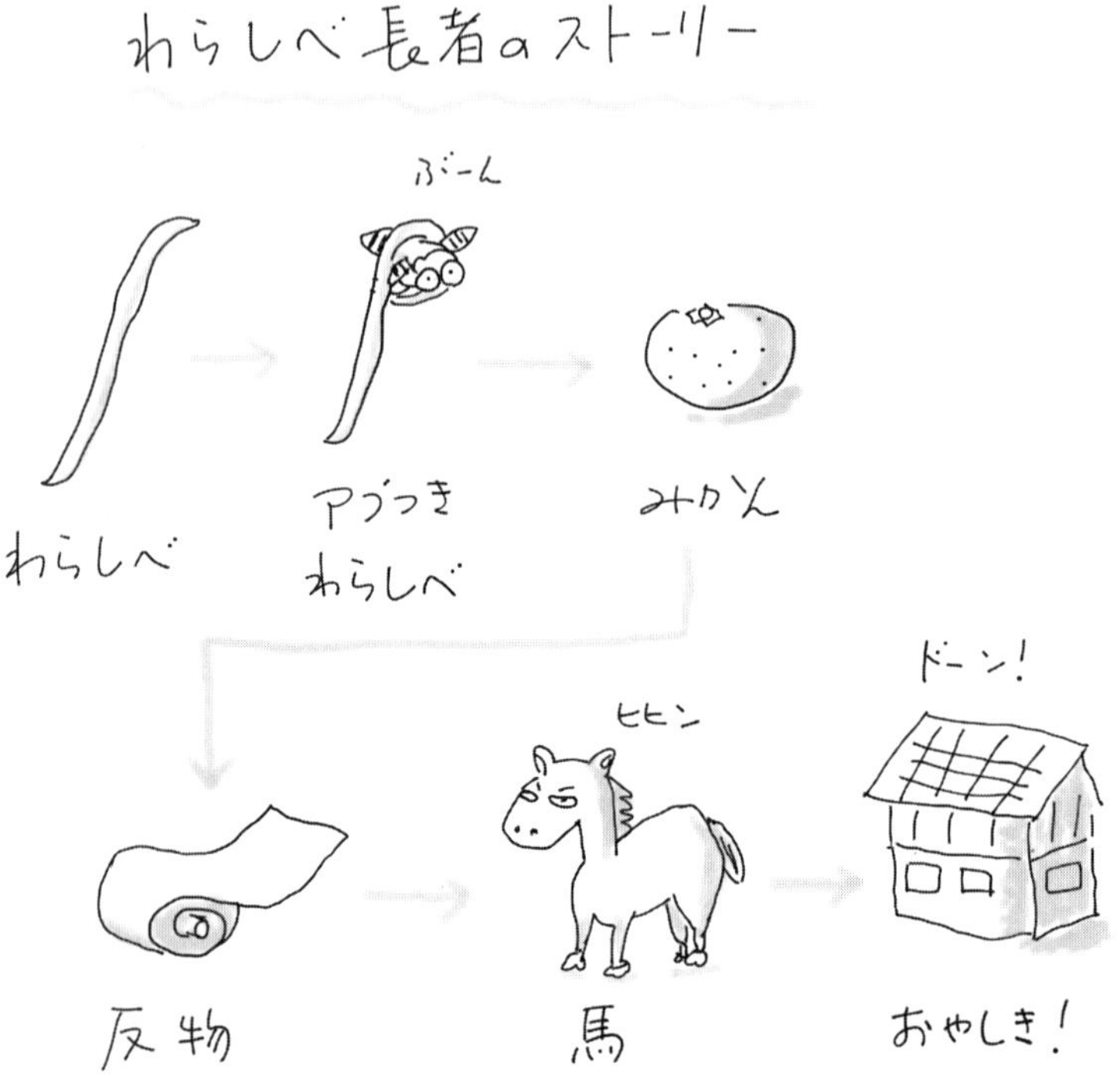
わらしべ長者のストーリー
ぶーん
わらしべ
アブつき
わらしべ
みかん
反物
ヒヒン
馬
ドーン!
おやしき!

場は沈黙していた。

「まあ確かに、あまりにも短時間の幸運な出来事の連続だから、現実感はないかもしれませんね。でも、少し時間軸を伸ばせば、実際にこういう人、ゴロゴロいるんです。つまり、最初に何もなかったのに、3年後にはすごいポジションについている、みたいな人。起業家のストーリーなんて、こんなものばかりですよ。ひょんなきっかけからビジネスを思いついて、その時に運命のパートナーと出会って一緒にビジネスを始めて、ギリギリのタイミングで投資家に出会って……みたいな話、聞いたことないですか？」

なるほど。そう考えると、決して現実感がないわけではないのかもしれない。

「こういうわらしべ長者的な成功ストーリーを聞いた時、典型的なやってはいけないアプローチが二つほどあります」

石川さんは指を2本出しながら話す。

「一つは、深く考えずに、このケースは自分と違う、だからここから学ぶことはない、とフタをしてしまうパターンですね。当たり前だけど、自分と属性に重なりがなくて距離感のある人の話は、この手の思考パターンに陥りやすい。そしてもう一つは、学びはあるかもしれないけど、悔しくて考えたくない、と言ってフタをしてしまうパターン。これはさっきと逆で、属性が近いと起こりがちなもの。つまり嫉妬ってやつです」

石川さんはまだ指を2本立てたままだ。

「つまり、遠くても近くても、成功談にはフタをしたくなる引力があるんです。素直に咀嚼《そしゃく》すれば、その成功から何かが学べるはずなのに。だから、もし成長しようと思うのであれば、その引力に逆らって、学びを見つける努力をした方がいい」

なるほど。この事例は僕にとっては遠すぎてフタをしたパターンだ。貧乏人が藁を持って旅に出る——そんなシチュエーションに共通項が見出せなかったわけだ。

でも、共通項は、本当にないのだろうか？

「あ、何となくわかったのですが……。ひょっとしてこの主人公、僕たちのシチュエーションに案外近いのかなって」

僕は考えがまだまとまってなかったけど、まず口を開いてみた。

「サカモトさん、どういうこと？」

「つまり、僕たちもこれからビジネスの現場に出るわけですが、今、僕たちの手元には藁しべしかない状態でスタートするってことかなと」

石川さんは大きく頷く。そこにヤマダが口を挟んできた。

「なるほど〜。じゃあ僕らのストーリーの中で、観音様役は石川さんってことですね。石川さんからありがたいお告げをもらったのが今の俺たちってことっすか」

場には笑いがこぼれる。

「いいじゃない、ヤマダさん。だとすると、この主人公のストーリーはどういうメッセージだと解釈できるのかしら？　ナガサワさん、どう？」

先ほど率直すぎるリアクションをしたナガサワに対して、石川さんは敢えて水を向ける。

「うーん……。今、私たちは手元にないことを嘆くことではなく、手元にあるものをどう活かしていくかが問われている……ってことでしょうか」

すぐに気分を切り替えて前向きになれるのがナガサワの良いところだ。

「いいですね。ではその『どう活かしていくか』ってことをちょっと考えてみましょうか」


石川さんはナガサワのコメントを拾いながら、再びホワイトボードの方に向かう。

「まずこの主人公は藁しべからスタートしたんだけど、最初にしたことは何？」

「アブをくっつけた！」

ヤマダはこういう質問への反応は速い。

「そう。ここが最初のポイントですね。次に出会った男の子は、単なる藁じゃおそらくスルーだったはず。藁にアブをくっつけたからこそ反応したんですね」

石川さんは一呼吸置く。

「ここで一つのヒントは、『組み合わせろ！』ということ。かのシュンペーターはイノベーションを『新結合』と定義しました。つまり、イノベーションって全くのゼロから新たな発見をするという大袈裟なことではなくて、既存のありふれたモノ同士をくっつけるだけで新たな価値を生み出すことができる、ということです。この主人公がやったみたいに、ちょっとした組み合わせで付加価値って生まれるんです。……ま、この藁とアブをくっつけたってことに対してシュンペーターを持ち出すのは、かなり飛躍があるんですけどね。でも『組み合わせる』ということは、みんなにしっかり伝えたいことだから、敢えてここで強調しておきます」

石川さんは一息置く。

「つまりね、皆さんが現時点で持っているスキルは藁程度かもしれないけど、何かとくっつけるだけで見え方は大きく変わるってこと。たとえば、そうね……」

石川さんは僕たちのことを見渡した。

「ヤマダさんは喋りが得意よね？」

「あ、はい、そりゃ」

「聞く力はどうかしら？　あなた、どんな人の話でも、じっくり最後まで聞ける？」

「ええ、高校時代のあだ名は『傾聴のヤマダ』でしたから。みんな僕の周りに寄ってきます」

ヤマダの話は調子が良すぎてどこまで本当かわからない。

「はー、そうなの」

石川さんの笑いにつられてみんな微笑む。

「まあ、もしそれが正しいとしたら、『ちゃんと人の話を聞けて、さらに喋りも上手』ってだけで十分な付加価値ですよ。一般的に喋れる人は聞くのは下手だし」

「え、そんなレベルでいいんですか？」

ヤマダは嬉しそうだ。

「そう。藁にアブを付けたくらいで運が回ってくるんです。見つけてくっつけたもん勝ちなんですよ」

見つけてくっつけたもん勝ちか！　確かに。それを聞いて何だか心が軽くなった。

「一般的に『スキル』っていうと大袈裟なものを想像するじゃない？　英語力とか、営業力とか。でも、仕事に必要なのは、必ずしもそんな名前のある大きなスキルだけじゃないんです」

「たとえば、仕事で大きな失敗をしたとしましょうか。上司からこっぴどく叱られる。反省するんだけど、気づくとまた翌日に同じ失敗をしちゃった。反省してたはずなのに！　自分でも信じられない。でもひょっとしたら可能性は低いけど、失敗を隠すことができるかもしれない。さて、皆さんはこの状況で、自分の失敗を上司にタイムリーに伝えられるかしら？」

うーん。みんな上を見て考える。僕は伝えられます、と言いたいところだけど、そのシチュエーションは相当キツそうだ。

「こんな時に、率直にすいません、またやっちゃいました、とすぐに言える力。これってとても大事なスキルだと思わない？」

確かに……。

「こういうのって、スキルと言うのかどうかも微妙だし、仮にスキルだとしても名前すら与えられてないものなんだけど、実はビジネス上では超大事。私はこういう目に見えないスキルを、マイクロスキルと呼んでいます」

マイクロスキル、か。確かに名前すら与えられていないけど重要なものっていっぱいありそうだ。

「だから、たとえばヤマダさんがさっき言ってくれたような、『どんな人が相手でもまず相手が言うことに耳を傾けられて、理解しようとする力』も十分立派なマイクロスキルなんです。まずは、みんながそれぞれ持っているこの手のマイクロスキルを認識することが大切。さらに、そのマイクロスキル同士をくっつけることで、大きな力を生み出す可能性がある。イメージつきますか？」

僕は頷く。

「ではここからちょっと複雑になってくるので、ホワイトボードで整理しながら話しますね」

石川さんが背を向ける。

「私たちが、実際に価値を発揮しようと思ったら、まずは自分の中にどんなマイクロスキルが眠っているのかを見つける『認識』が必要ですね」

石川さんはまず『マイクロスキルの認識』を記入する。

「そして、マイクロスキルが複数見つかったら、今度はどういう組み合わせがいいかを『着想』する」

『マイクロスキルの認識↓組み合わせの着想』が書き加えられた。

「そして、最後にそれらを実際に組み合わせて付加価値を生み出すための『実装力』が問われます。冷静に考えれば、いくらアブがウザったいからといって、実際にそのアブを藁に括り付けるのはなかなか至難の技ですよね」

と石川さんは笑いながら、さらに『マイクロスキルの認識↓組み合わせの着想↓実装』と加えていく。

ナガサワがまた手を挙げていた。

「ここまでのことは理解できるのですが……でも、アブをつけた藁なんて、付加価値があるなんて言えるんでしょうか？　たまたま子供が通り掛かったから良かったものの、私は欲しくありません」

彼女はいつも素直だ。そして、無邪気に場の空気に水を差す。

「そうね。私も欲しくありません」

石川さんは笑って受け止める。

「そこに次のヒントはあるんです。付加価値と需要の関係性ですね」

そしてホワイトボードに向かい、『マイクロスキルの認識↓組み合わせの着想↓実装』の下に矢印を引いて『付加価値（?）⇅需要』と付け加えた。

どんな小さなことでも組み合わせていけば大きな力になる

「さて、この付加価値と需要の関係性、みんな何か思い出さないですか？」

思い出す……？　何のことだろう？　みんな一様にキョトンとした顔をしている。

石川さんは顔の横でおもむろにペンを振り出した。

「あ……『俺にペンを売ってみろ！』」

僕は思い出した。

「ペンを売り込むのではなくて、ペンの需要を作るって話でしたね。需要があって、初めてペンというモノに価値が生まれる。だから、ペン自体の価値にばかり目を向けても仕方ないと」

「そう。だからこの藁の話だとどういうことでしょうか？」

石川さんは先を促す。

「つまり、アブを括り付けた藁に価値があるかどうかを決めるのは相手であって、自分ではないと」

石川さんはニッコリ微笑んだ。

「その通り」

石川さんは一呼吸置いてから話し始める。

「この『わらしべ長者』のストーリーは、全て『自分』にとって価値がないものに対して、『相手』が価値を見出していくことによって構成されているんです。ミカンだって自分が欲しいものではなかったし、反物だって馬だってそう。でも、それが相手のシチュエーションにおいては、通常以上の価値があったということなんです」

前回からの話と繋がってきた。

「たとえば、ミカンをあげたらお返しに反物をくれる場面があるのだけど、喉が渇いて死にそうな人にとって、ミカンは何よりも価値があったのです。通常の価値では反物とは交換できないほど安いミカンのはずが、このシチュエーションにおいては価値が異なります。だから、価値というのは、自分で決めちゃダメ。自分には価値がないって落ち込む人がよくいるんだけど、視野が狭すぎるだけ。びっくりするくらいの価値がつく場所やタイミングだってあるんです。世の中広いから、常にマーケットを見ないとダメなんです」

石川さんは一気に話した後、自分のメッセージが浸透するのを待つように、ホワイトボードに新たに言葉を書き加えていく。

『マイクロスキルの認識→組み合わせの着想→実装→付加価値⇅需要←相手のシチュエーション』

「私たちの持つ付加価値に絶対基準はない。常に相対的です。つまり、相手のシチュエーション次第。だから、そこを冷静に見つめる必要があるんです」

石川さんはみんなを見渡して語りかける。

「今、おそらくみんな不安になっているはず。あいつの方ができそうだとか、賢そうだとか、些細な違いで一喜一憂しているんじゃないですか？」

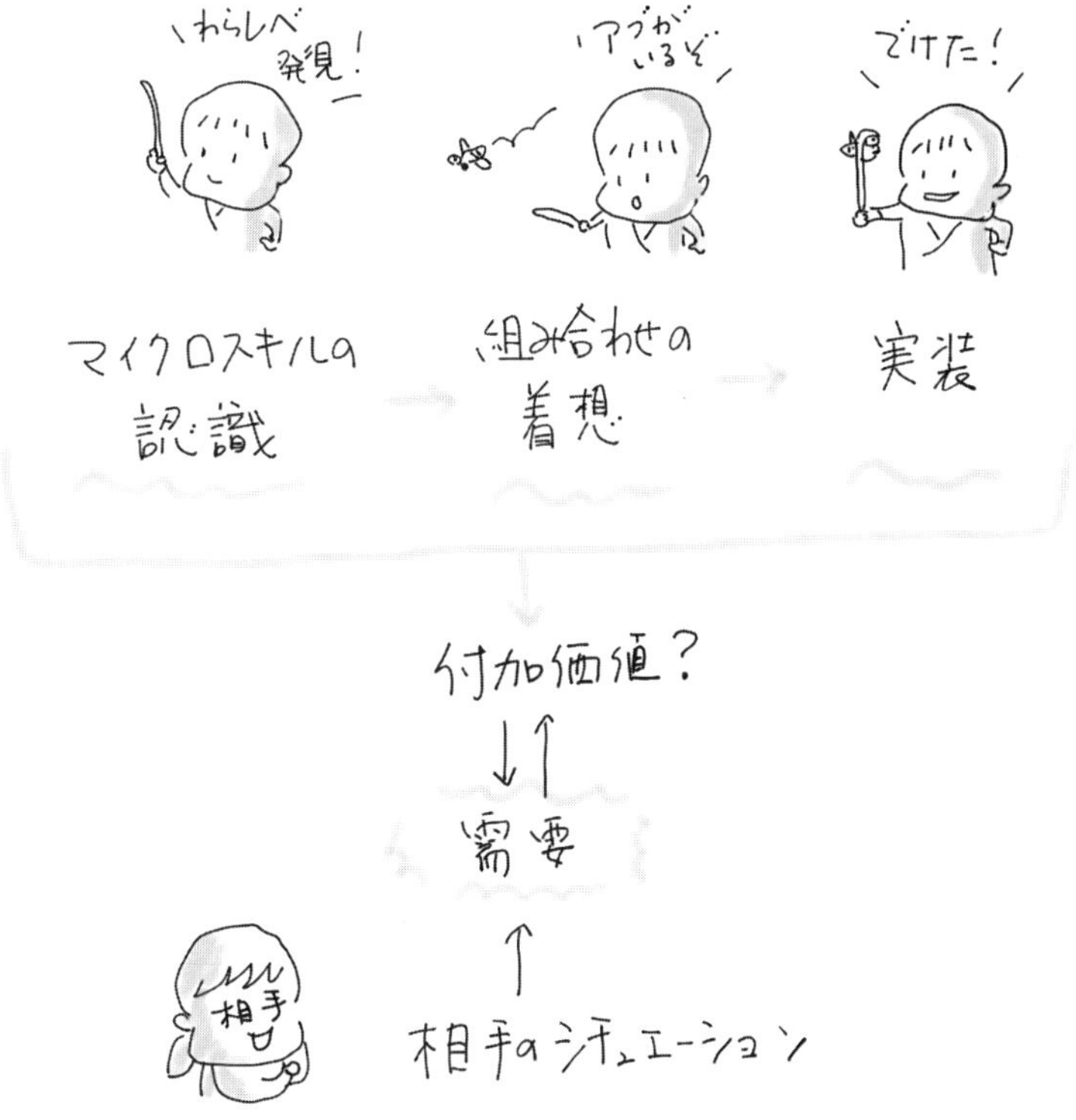

付加価値を決めるのは常に相手だ。需要があるところに行けば、価値は高まる

石川さんは僕の気持ちを語ってくれているように思えた。

「でもね、そのレベルの話は、ほとんど誤差の範囲なの。勝負は、相手の需要を見極めること。『適材適所』って言葉があるけど、正確に言うなら、『適時・適所・適材』ってことですね。需要のある適切なタイミング、場所において、適切な自分の付加価値を提供できるか。自分自身が大したことなくても、タイミングと場所さえ見極めれば、本人の想像以上の価値を発揮できるということなんですよ」

静かな会場の中にその言葉が浸透していくのがよくわかる。

石川さんが言っていることを実践するのは、とても難しいことなのかもしれない。でも、石川さんのメッセージは僕のナーバスな気持ちを落ち着かせるとともに、やる気を起こさせるものだった。


「でも、ちょっと不思議なことがあるんですけど」

また空気を読まないナガサワだ。

「この男は観音様から、『最初に手に触ったものを大切に』って言われたんですよね。それなのに、なんで子供にあげちゃったのでしょう？　私だったらそもそもそんな根拠のない言葉を信じて旅に出ませんが、少なくともこの男は観音様の言葉を信じたからこそ旅に出たんですよね。なのになぜその指示を守らなかったのか。それが不思議です」

「良い着眼ですね。皆さんはどう思う？」

石川さんは自分で答えずにみんなに振った。

確かに冷静に考えると矛盾がある。自分だったら藁をずっと握っていたかもしれない。

「やっぱり目の前に泣いている子供がいたから、仕方なかったんじゃないっすか？」

ヤマダが軽く答える。

「まあそうかも知れない。この主人公がどう考えたのかという記述はないので、勝手に解釈するしかないんだけど。ここにヒントを見出すのであれば、『自分の人生の責任は自分で取る』ってことなんだと思います」

自分の人生の責任……。どういうことだろう？

「つまり、このストーリーのきっかけは観音様という他者なんだけど、考えて行動を決めたのは常に『自分』であるということなんです。だから、一旦旅に出た後は、観音様に指示を乞うことはなく、局面ごとに自分の頭でベストなアプローチを考えているんです」

「もし観音様の指示だけを愚直に守り通していたら、藁を握りしめて歩くだけで、何も起きずに終わっていたはず。それで何も起きなかったことを観音様に責任転嫁するんですね、おそらく」

石川さんの声のトーンは徐々に高まりつつある。

「でもこの主人公は、『自分は観音様の人生を生きているわけではない』という当たり前のことを知っているんです。これは大事なこと。当然と思うかもしれないけど、この原則が守れていない人はよくいるんです。意思決定の責任を放棄して、他人の責任にばかりする人が」

石川さんの言葉が強くなると、反比例するように顔には笑顔が広がる。そのことによって、メッセージを素直に受け取れるから不思議だ。

「改めて皆さんにちゃんと伝えたい」

石川さんは声のトーンを抑えて語り始めた。

「あなたの人生は、どんなことがあってもあなたが責任を取る」

石川さんは遠くを見つめながら話す。

「皆さんの上司は『私が責任を取るからやれ』というような指示を出すかもしれない。でも、他人の人生の責任を取れる人なんていないんだから、物理的に無理。もし上司の指示が間違っていたら、皆さんは巻き添えです。そしてその失った時間を取り戻すことはできない。『責任を取るって言ってましたよね』なんて後から言っても無駄なんです」

みんな石川さんの話を微動だにせず聞いている。

「だから、どんな指示があろうと、自分で考えて動く。納得してから動くんです。遠回りのように見える時があっても、自分の気持ちを大切にして。盲目的に組織に従っちゃダメ」

石川さんは情熱的に語り始めた。そして、これが人事部長の話かと思うくらいの内容だ。

「時として皆さんに理不尽な指示が来るかもしれない。でも、もし理不尽を感じたら、その理由をちゃんと上司に確認すること。理不尽に一旦慣れちゃうと、すぐに心は麻痺します」

石川さんは語りながら室内を歩き始めた。

「皆さんは知らないと思うけど、著名な経営学者であるクレイトン・クリステンセンは、こういう言葉を遺しています。『100%を守る方が、98%を守るよりも簡単だ』と。理不尽だけど、今回くらいは飲み込むか、ってことで、その1回の理不尽を認めると、その1回の妥協がキッカケで身の周りはあっという間に理不尽だらけになっちゃう、ということ。だから、自分がこだわることには100%徹底的にこだわれ。これがクリステンセンのメッセージなんです」

石川さんは一呼吸を置いて、ゆっくりと語った。

「その結果、もし納得できないことを強いられたのであれば、そこから逃げてもいい」

人事部長の入社時研修で「逃げろ」という言葉を聞くとは思わなかった……。

「観音様のお告げは、このストーリーのキッカケにすぎない。観音様のお告げすら、絶対ではありません。旅に出るかどうかを決めるのは皆さん自身だし、藁を後生大事に握りしめているべきかどうかも皆さん次第。時に組織は皆さんに対して『強制力』を持って働きかけてくるように思うかもしれないけど、そんなことはない。最後に決めるのは全て自分なんです。……自分の人生、大切にしてくださいね」

石川さんはみんなを見渡して、吐き出すように言った。

「この話からのメッセージは以上です」

そして、石川さんは卓上の書類を重ねて整え始めた。もう時間だ。これでセッションは終わってしまう。

「さて、1ヶ月半に亘っていろいろ話してきましたが、みんなにはちゃんとメッセージが伝わったでしょうか？」

僕は大きく頷いた。最初は不安でたまらなかったが、石川さんから様々な「ギフト」を与えてもらったお陰で、配属面談、そしてその先に待ち受ける現場での職務に前向きに臨めそうだ。

「みんなの手元には藁しかありません。藁の出来栄えに多少の差はあるけど、所詮は藁です」

石川さんは微笑む。

「でも、皆さんは旅に出たんです。さて、この藁をどう活かして長者になるか。とっても楽しみじゃないですか？」

「何だかロールプレイングゲームみたいっすね」

ヤマダも軽やかに乗る。

「でしょう？　みんなが藁を何に交換して帰ってくるか、また会える日を楽しみにしていますね。では……次にみんなに会うのは3年目研修ですかね？　その時にはまた元気な顔に会いたいです」

とても長く、そしてあっという間に感じた1ヶ月半の研修期間だった。

当初は憂鬱だったこれからのチャレンジに、僕はもう期待に胸を膨らませていた。我ながら単純なものだとちょっと呆れて笑ってしまった。

新人研修　石川さんセッション

6

『わらしべ長者』とキャリアプラン

○「強み」なんて見つからなくても、「マイクロスキル」は誰にでもある
○大事なことは、それらの「マイクロスキル」を組み合わせること
○付加価値があるかどうかを決めるのは相手次第。自分で勝手に諦めない
○自分の人生は自分で決める覚悟を持つ。誰が何を言ったからと言って、最後に判断するのは自分だ

僕には強みはいっぱいありそうだ。それを組み合わせて、相手に価値のあるストーリーを作ってみよう。配属面談が楽しみだ！

付加価値を決めるのは常に相手だ。需要があるところに行けば、価値は高まる

○　○　○

僕は2年前のこの時の高揚感を未だに覚えている。

あの時、石川さんから授かった「ギフト」のお陰で、配属面談も無事にクリアし、希望通りの配属となった。「やればできるんだ」と、僕は自分で自分を見直した。

しかし、世の中はそれほど単純ではなかった。配属先はイメージした通りではなく、充実感とは程遠い毎日を過ごしていた。

僕はキャリアにおける大きな決断を胸に秘め、3年目研修に向かおうとしていた。

Session

7

浦島太郎は
なぜ竜宮城に
行ったのか？

あの新人研修からちょうど2年が経過した。

多くの社会人は3年目にキャリアに悩み始めるらしい。仕事を一通り理解して、ようやく一息つくタイミングで「自分はこの仕事をやり続けて良いのか」と悩むのだ。その悩み始めた若手たちを集めて、再度キャリアの考え方を提示してくれる、という何ともありがたい研修がこの3年目研修というやつだ。

僕は配属以降、死に物狂いで頑張ってきた。その頑張りが徐々に数字に出るようになったのは2年目の頃からだ。数字というのは正直だ。僕は間違いなくこの組織の成長に大きく貢献している。そんな自負を持っていた。僕はまだまだやれるし、まだできることはたくさんある。2年目の初頭はそんなモチベーションの塊だった。

しかし、様子が変わったのは2年目の後半にかけてのことだった。それは、営業の新規開拓に向けたドラスティックな提案をした時のことだ。僕はその提案に大きな自信があった。今までのやり方はまだまだ非合理的なことがたくさんある。時代は変わったのだ。今こそ営業手法を変えるチャンスだ。そう意気込んで提案したものの、上司たちは提案内容を十分吟味もせず、「リスクがある」という理由で却下した。リスクがあるのは当たり前。お前らは新しいことをやりたくないだけだろう！　そんな言葉が喉元まで出かかった。その一件以来、僕は不満な態度をあらわにするようになり、それに伴い評価も下がった。それまで仕事に燃えていた僕は、一気に言いようのない虚脱感に襲われた。なぜ一番頑張って一番将来のことを考えている人間が、一番虐げられなくてはならないのか……。この評価とこの処遇は一体何なのだ！　この組織は根から腐っている！

そのように会社に対する不満がピークになった2年目の終盤の頃、学生時代の知人からの勧誘を受けて僕の心は揺らいだ。まだ立ち上がって間もないスタートアップ企業だが、事業拡大のための人材を求めているとのことだった。その知人の話を聞いていくうちに、僕はその世界と今の世界を比較するようになってしまった。入社すれば大きな仕事をすぐに任せてくれるらしい。聞けば聞くほど魅力的な機会だ。そして出した結論は、「僕はこの会社を去るべきだ」ということだ。したがって、今はちょうど先方の会社の役員たちとの最終的な面接の段取りを進めているところだった。

このことはまだ社内の誰にも伝えてはいないが、引き返すつもりはなかった。自分の求めるものは外にある。僕はそう結論を出したのだ。

そんな中でのこの3年目研修は、僕にとってはタイミングとしては最悪だった。時間の無駄だから仮病でも使って休もうかとも一瞬考えた。しかし、まだ正式には転職することが決まっていないこと、さらには研修を担当する講師が石川さんだという期待感が、僕がここまで足を運んだ理由だ。いや、正直に言えば、石川さんにこの気持ちのモヤモヤしたところをぶつけて、僕をスッキリさせて欲しい、という都合の良い期待も持っていた。新人研修のあのセッションのインパクトは未だに忘れられない。それだけに、石川さんが今の僕に何か新たな気づきを提供してくれるのでは、という淡い願望があった。つまり、僕の心はまだ揺れ動いているのだ。

2泊3日で行われるこの3年目研修は、石川さんのパートだけではない。コンプライアンスだとかハラスメントだとか、残業ルールだとか、お世辞にも楽しくないパートが数多く盛り込まれている。しかし、その時間を挟むような形で、石川さんによるキャリアセッションがある。3日間で合計6コマ。それなりのボリュームだ。みんなもそこに期待しているのだろう。

そしてもうすぐ、石川さんのセッションを皮切りに3年目研修がスタートする。久しぶりということもあって、場内にはちょっとした緊張感が漂っていた。

○　○　○

石川さんは2年前と同様に颯爽と入ってきた。ネイビーのセットアップのパンツスーツに少し袖まくりした出で立ちは、ファッションセンスにも溢れ、かつデキるビジネスパーソン特有のオーラを感じさせるものだった。

唯一の違いは、後ろに部下を連れて入ってきたことだった。石川さんはこの2年で、人事部長から、人事・総務担当の執行役員に昇格していた。

「おはようございます。皆さん久しぶりですね。元気でした？」

石川さんの柔和な表情につられて、みんなの顔にも柔らかい笑みが溢れる。この雰囲気は何か懐かしい感じがする。

「あれから2年経ちましたね。それぞれいろんなことがあったでしょう……。そして、それぞれの課題も抱えているはず。この研修では、そんな皆さんのお役に立てるようになればと思っています」

厳しさと温かさが同居した雰囲気。フランクな口調。立場は変わったが、2年前と変わりはなかった。

「さあ、それでは今の皆さんの気持ちを聞かせてください。正直、今どんな気分ですか？」

唐突に大きな質問が来て、みんな戸惑っている。

「はは。質問も抽象的だし、いきなりこんな質問だと挙手しづらいですかね。じゃあナガサワさん、どう？」

「あ、はい。まぁ今までいろいろあったので、これが何か気持ちの整理をできる場になればと思っています」

予想外にそつのないナガサワの意見に、みんな顔を見合わせて笑った。

「あら、ナガサワさん、随分大人になったんですね。そんなキレイな言葉を求めてなかったのに」

石川さんは笑う。ナガサワは希望通りの部署に配属されたのだが、配属先でいろいろあったのだろうか。

「今のみんなの本音を語って欲しいんだけど……サカモトさん、どう？」

「え、あ、はい……」

どうしよう、いきなり指されたけど……気の利いたことが言えそうにない。

「あのー、しょ、正直僕は会社を辞めようかと思っているところです。ただ、そう簡単に決めるべきことでもないので……どうすべきか。そのアドバイスを石川さんに伺いたいと思ってます」

口から勝手に言葉が流れ出していった。

いきなりの指名で舞い上がってしまい、まだ部署内でも話していないことをこんな研修の場で公に話してしまった。

しかも、相手は人事担当の執行役員だ。僕のあまりに無防備なそんな発言が出てきたことで、場がどよめいた。

「へー、そう！　辞めたいんですね？　なるほど……。まあでもみんな似たり寄ったりじゃない？」

僕は自分の暴走にも驚きながらも、その後の石川さんの軽いリアクションにはさらに驚いてしまった。

「皆さん3年目に入ったわけでしょう？　今まで辞めようって思わなかった人なんて……まさかいる？」

しょ、正直会社を
辞めようと
思ってます…
Nooo!
それ
言っちゃ
だめ〜!

石川さんは見渡す。

みんな顔を見合わせながらも、手を挙げない。

この問いかけの仕方が手を挙げにくい、ということもあるが、実際にみんな一度は辞めようと思ったことがあるんだろうと思う。そういう意味では、おかしなことではない。でも、自分で言うのもなんだが、いきなりそんな発言をすべきではなかった。

「でしょ。まあ、いきなりのカミングアウトで驚いたのは事実ですけどね」

石川さんは笑いながら話す。

「いずれにせよ、キャリアに悩んでいない3年目なんていないでしょうね。ヤマダさんはどう？」

他の人に話が移って、僕は一息ついた。

ヤマダと僕は配属希望先がバッティングして、結局僕だけが希望通りの配属となったのだった。ヤマダは第二希望への配属となったが、最近はあまり話ができておらず、どんなモチベーションなのかは気になっていた。

「え、俺っすか？　まあ、それなりに楽しいですが、仕事の難しさを感じてます。何というか、ちっとも評価されないんですよね。これだけやってんのに。それはどうにかならないかと思っています」

なるほどね、うんうん、と石川さんは大きく相槌を打ちながら話を聞く。どうやらここでは何を話しても良いらしい、という空気を感じる。みんな相手が人事担当の執行役員だということを忘れているかのようだ。その背景には、石川さんのくだけた口調もあるのだと思う。おそらく意図的にフランクな語り口で話しているので、ついつい研修というフォーマルな場であることを忘れていろいろ話したくなってしまうのかもしれない。石川さんはこの辺のテクニックは抜群だ。

「何やっても評価されないか……。サカモトさんもそんな状況なんですか？」

「ええ、まあ。似たようなものです。結局若いうちは何をやっても評価されません。部の中で僕の売上は常に上位ですよ。でも、若いという理由で正しく評価されませんし、評価されても処遇にはほとんど反映されません。上司たちはそれをわかっていながら、何もしようとしないし……」

話しているうちに、やるせない思いが再び募ってきた。

「なるほどね。わかります。私も若い頃は同じ気持ちだったから。でも今の私の立場で、わかるって頷いていているだけじゃダメですね。その仕組みの責任は私にあるわけですから」

「じゃあ、今度は逆にわたしからみんなに質問なんだけど、やったことが正しく評価・処遇される制度ってどんな状態を考えているんですか？」

「え、実績を上げたのであれば、それだけ処遇にダイレクトに……」

僕は即答した。

「なるほど。実績が給料にダイレクトに反映される制度がいいと、そういうこと？」

「まあそういうこと、ですね」

「本当にそれが望み？　結構しんどいと思うけど。アップサイドもあるけど、ダウンサイドもある。景気が悪くなったり、顧客の都合で失注になったとしても、問答無用で給料は下がってしまう。サカモトさんはそんなスリリングな状態を望んでいるの？」

「いや、そこまでは……」

「まあそういう状態は、起業した人か、出来高払いみたいな契約ベースの働き方ですね。じゃあ、それをアップダウンのレベルが『10』の制度としましょうか。で、逆の『0』の制度は、たとえば公務員のように、何をやっても変わらないと。さて、皆さんはいくつくらいをお望み？　じゃあ今手元にパッと思い浮かんだ数字を書いてみてください」

え……そう言われると悩む。なんだろう。僕が求めていたことって……。でも……数字で表すならば……7くらい？

「じゃあ、聞いてみるわ。0の人いる……？」

石川さんは0から一段階ずつ上げて挙手を求めた。結果、ホワイトボードに書かれた数字は、こんな状態だった。

0：0人　1：0人　2：0人　3：2人　4：3人　5：10人　6：9人　7：3人　8：3人　9：0人　10：0人

文藝春秋の新刊

9

2020

「千駄木の家」©大高郁子

◆発売日、定価は変更になる場合があります。
表示した価格は本体価格です。これに消費税がかかり定価となります。

アイリス・チュウ／鄭《テイ》 仲嵐《チュウラン》

天才IT相7つの顔

たか学歴は中卒。性別も越えた。その個性と哲学に迫る書き下ろし

◆9月
四六判
並製カ
140
3912

●我々は何を守るべきなのか

あの日、ジュバは戦場だった

自衛隊南スーダンPKO隊員の手記

小山修一

２０１６年７月８日、南スーダンの首都ジュバで激しい衝突が起きた。自衛隊はなぜ、何の為にそこにいたのか。元派遣隊員の克明な手記

◆9月29日
四六判
並製カバー装
1500円
391266-0

●好評のスペシャル番組の書籍化

日本VS韓国 対立がなくならない本当の理由

池上彰＋「池上彰スペシャル！」制作チーム

現地韓国での取材から、「反日」が収まらない原因を分かりやすく解説。『反日種族主義』編著者との対談は未放送分も含めて収録

◆9月17日
四六判変型
並製カバー装
1200円
391267-7

●もうメチャクチャ！

トランピストはマスクをしない

コロナとデモでカオスのアメリカ現地報告

町山智浩

コロナで経済に急ブレーキ、黒人殺害でデモは暴動に。混沌の中で進む大統領選！ 一体何がどうなる、お馴染み現地からの最新レポート！

◆9月25日
四六判変型
ペーパーバック
1200円
391268-4

●あのディーヴァーが新シリーズを始動！

ネヴァー・ゲーム

ジェフリー・ディーヴァー 池田真紀子訳

シリコンバレーで失踪した娘を探せ。懸賞金のかかった事件に挑む人探しの名人にして流浪の名探偵ショウは狡猾な連続誘拐事件を追う！

◆9月25日
四六判
上製カバー装
2500円
391269-1

上白石萌音さんも絶賛！　２０１９年、本屋大賞受賞作

そして、バトンは渡された

瀬尾まいこ

740円
791554-4

秘めた恋。命がけの恋。大ヒットファンタジー外伝集

烏百花　蛍の章

阿部智里

いよいよ10月、アニメ放送開始！

660円
791555-1

今こそ読むべき！　日本国憲法成立までを綿密に描く熱き人間ドラマ

ゴー・ホーム・クイックリー

中路啓太

880円
791560-5

会社の危機を、美智は救えるか!?

お局美智　極秘調査は有給休暇で

明日乃

830円
791561-2

こいつが死んで得する奴は誰だ！

八丁堀「鬼彦組」激闘篇

斬鬼たち

鳥羽亮

680円
791562-9

2冊同時刊行

佐伯泰英

江戸へ戻るため、磐音が対峙するのは!?

一《いっ》矢《し》ノ秋《とき》

居眠り磐音（三十七）決定版

730円
791563-6

「見よ、空也。あれが江戸城じゃぞ」

東《しの》雲《のめ》ノ空《そら》

居眠り磐音（三十八）決定版

730円
791564-3

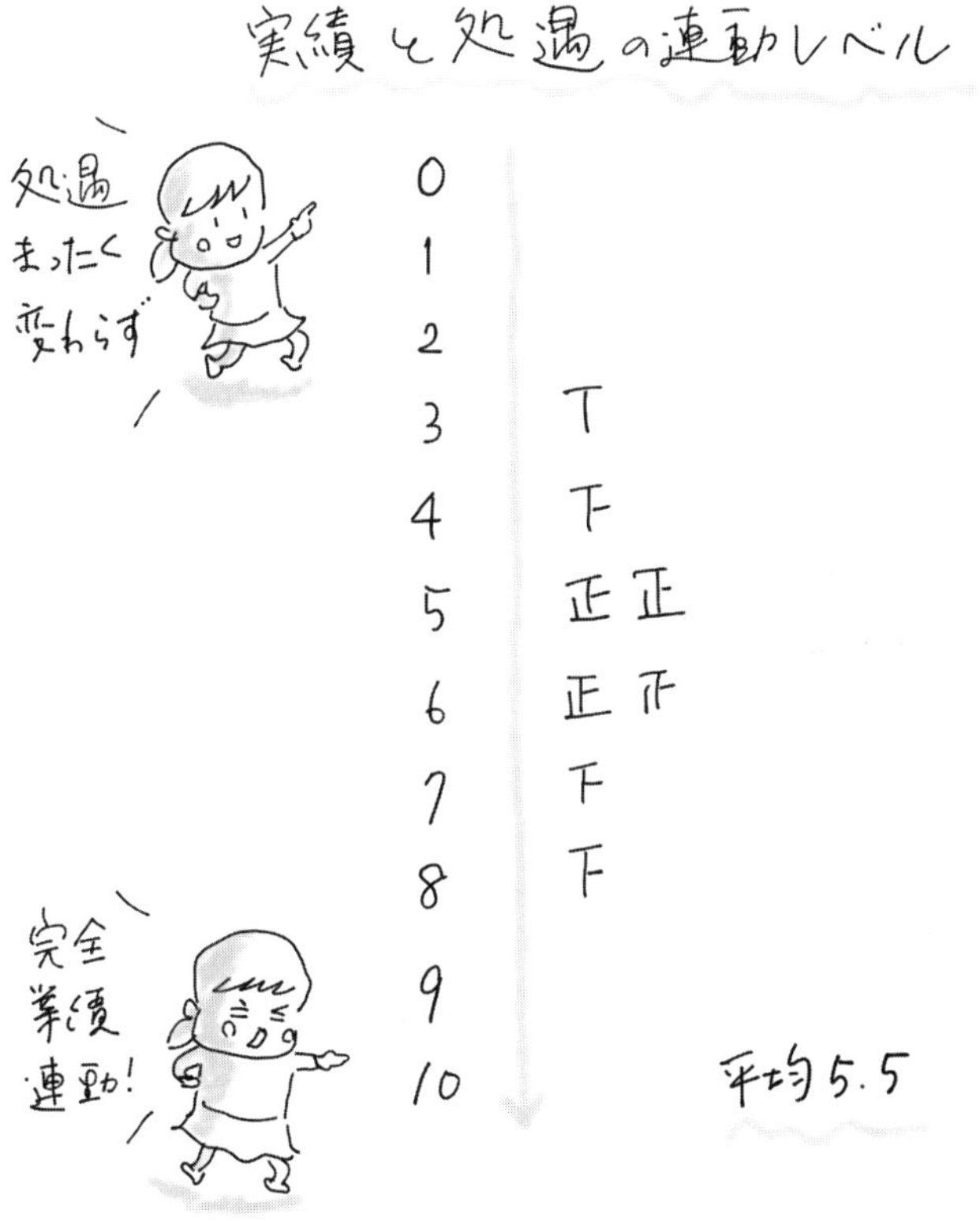

意外にバラつく実績と処遇の連動レベル。求めているものが一致することはない

「なるほどね。3〜8までの範囲でバラついているわけですね。平均は5・5くらいでしょうか。皆さんこの数字、どう受け取った？」

「いや……僕は7って書いたんですが、意外にみんな保守的なんだなと。驚きました」

僕は率直に思ったことを話した。僕にとってこの結果は意外すぎた。

「じゃあ、3に手を挙げたナガサワさんはどう考えたの？」

「いや、今私はいろいろ大きな失敗をしてしまっていて……。組織のお荷物状態になっている自覚があります。それなのに、これだけの処遇をもらえているだけありがたいなと」

なるほど。あれだけストレートだったナガサワも、いろいろ辛いことがあったのか。

「これ、もし世代も交えて全社員でやったらどうなるのかと思うと……相当バラつくんでしょうね」

ミズノもちょっと驚いている様子で言葉を繋いだ。

「そうね。間違いなく。それこそ0もいれば10も出てくるでしょうね」

僕は自分の視点でしか考えていなかったが、そういうことなのか。

「人事制度を作る立場として言い訳をするわけじゃないのですが、人間が集まれば多かれ少なかれこうなります。そして、同じ人であってもタイミングによって異なる。良いパフォーマンスが出ている時は10に近づくし、ナガサワさんみたいに失敗した後は0に近づくんでしょうね。だから、全員にとって完璧な制度はないんです。まぁもしここにいる人が全社員だとしたら、5・5くらいを狙って制度設計するんでしょうが、7とか8を期待する人には不満が出るでしょうし、3や4の人からも不満が出るでしょう。どっちからも『それぞれの立場で合理的なツッコミ』が入るんです。でも、制度設計ってそういう難しさを持っているのですね」

石川さんは一呼吸置いた。朝から研修がスタートしてまだ間もないが、もうみんな前のめりになって参加している。

「ちなみにね、今、うちの制度は、このレベル感で言えば、だいたい5点台後半くらいの線を狙っています。7とか8を実現している外資系から見れば保守的だけど、実は安定を望む人が多いこの業界において、それなりに攻めている制度設計をしていることはちゃんと伝えておきますね」

確かに、古い業界ということもあるのだろうが、競合と比べるとかなり積極的だと感じることは多い。

「また、それとは別の視点を加えるとね、何年かに一度は不況が来るの。どれだけ頑張っても数字が出ないって状況は必ず来る。そんな時に、7や8の制度を期待する人は何と言うでしょうか？　数字が上がらないんだから、給料は下げてくれてもいいって言うと思う？　おそらく言わないでしょうね。こんな時でもベースは確保しろって言うはず。随分都合が良い話なんだけど、仕方ないことですね。結局、景気の良いタイミングで、大きな声に振り回されても制度設計はうまく行かないってことなんです」

僕は、新人研修の時にやった「戦略的」という言葉の意味を思い出していた。石川さんの説明によれば、「戦略的＝長期の視点×多様な論点」だったと記憶している。長期的な環境変化や、かつ全社員のニーズ、もしくは自社の進むべき方向性など多様な論点を見ていないと制度は作れない、という意味で、まさにこの人事制度は、戦略的に考えなくてはならないのだ。僕のように短期的で個人の都合しか考えていない立場からは、どうしても不満が出てしまうのだろう。僕は自分の視野の狭さに改めて気づかされたのだった。

「要するにね、世の中には誰にとっても欠点のない制度はないってこと。さらに言えば、欠点のない上司もいない。みんなが欠点のない人間でないようにね。それは世界中どんな会社に行ったって同じってこと。で、大事なのはここからです。環境に何らかの欠点があるとすぐに断片的な事実を挙げて不満を声高に叫んでしまう人がいます。私はそういう人のことを『野党思考』と呼んでいるんですが、わかりますか？」

野党思考……？　どういうことだろうか？

「野党、つまり当事者であるという認識がない人って、いくらでも正論を言えてしまうんですね。でも、それを当事者の立場で実際に変えようと思うと、実はその正論は断片的だったり短期的なものだったりするので、簡単には変えられないことに気づくわけ。部分的に見えても、多くの仕組みはシステム的な連携をしているので、『こっちを直せばあっちに問題が発生してしまう』

みたいなことが発生する。だから、当事者意識を持つ与党はどうしても『その問題は、部分的には確かにその通りかもしれません。ただ全体には影響が出てしまうのでそれを見極めた上で、善処します』みたいに、歯切れが悪くなってしまうんです」

石川さんは笑いながら話す。

「繰り返すけど、野党が言っていることは概して断片的に正しいんです。だから威勢良く批判ができる。でもね、そういう人がいざ与党になると、気づくんです。世の中結構難しいんだって」

僕は話を聞きながら、与党である上司は何を考えていたのだろうと、頭を巡らせていた。

「ちなみにこの『野党思考』を持つ人の行動の特徴は、システム的な視野に欠けたまま正論的な批判ばかり言うこと以外に、実はもう一つあるんですけど……わかりますか？」

石川さんはホワイトボードに向かいながら問いかける。

「もう一つの特徴は、その批判に疲れて、外側の世界に青い鳥を追い求めてしまう、ということ。つまり、『自分は正しいことを言っているはずだ。理解してくれないのはおかしい』という義憤に駆られて、突発的に理想郷を追い求めて動いてしまうんですね。あっちの方に自分が求める理想郷があるはずだ！と。でも結局はそんな理想の世界はないから、またその世界でも野党的な批判を繰り返してしまう。そしてまた理想郷を求めて……というように現実逃避を繰り返してしまうんです。『野党思考』から脱却しない限りは、このパターンからはなかなか抜けられません」

あぁ。僕の行動はひょっとしたら、その理想郷追求の現れなのかもしれない……。

「私もかつては『野党思考』だったから、こんな偉そうなこと言える立場じゃないんですけどね。本当に『与党思考』になったのは、恥ずかしながら責任者になってからです。だからその後私はとっても苦労した。組織の裏側ってこんな難しいシステムが連携していたんだって。だからこそ、みんなには一足も二足も先に『与党思考』を身につけて欲しいと思っている」

なるほど。今回石川さんは敢えて制度設計の裏側にある難しさを披露することで、『与党として考える』ということの視界を見せてくれたのか……。

「私が『与党思考』になって気づいたことを改めて二つ伝えておきますね。一つは、『与党思考』で突き詰めていくと、結局理想的と言われている組織でも『ポジティブ51』対『ネガティブ49』くらいの微妙なバランスで成り立っているっていうこと。どんな素晴らしい組織でも、実は突っ込みどころは満載だし、プラス面とマイナス面は拮抗している。そしてもう一つは、そんな拮抗した状況だからこそ、与党の立場の人には、批判を乗り越えてでも成し遂げたい『世界観』が必要だということ。私としては、この会社を5年というスパンで、いろいろなビジネスアイディアが若手から湧き出てくるイノベーティブな組織にしたいと思っています。そのイメージがあるからこそ、断片的な批判も自分の中では受け止めることができるのです」

石川さんの熱のこもったプレゼンテーションだった。僕は率直に感動した。

「だからね……」

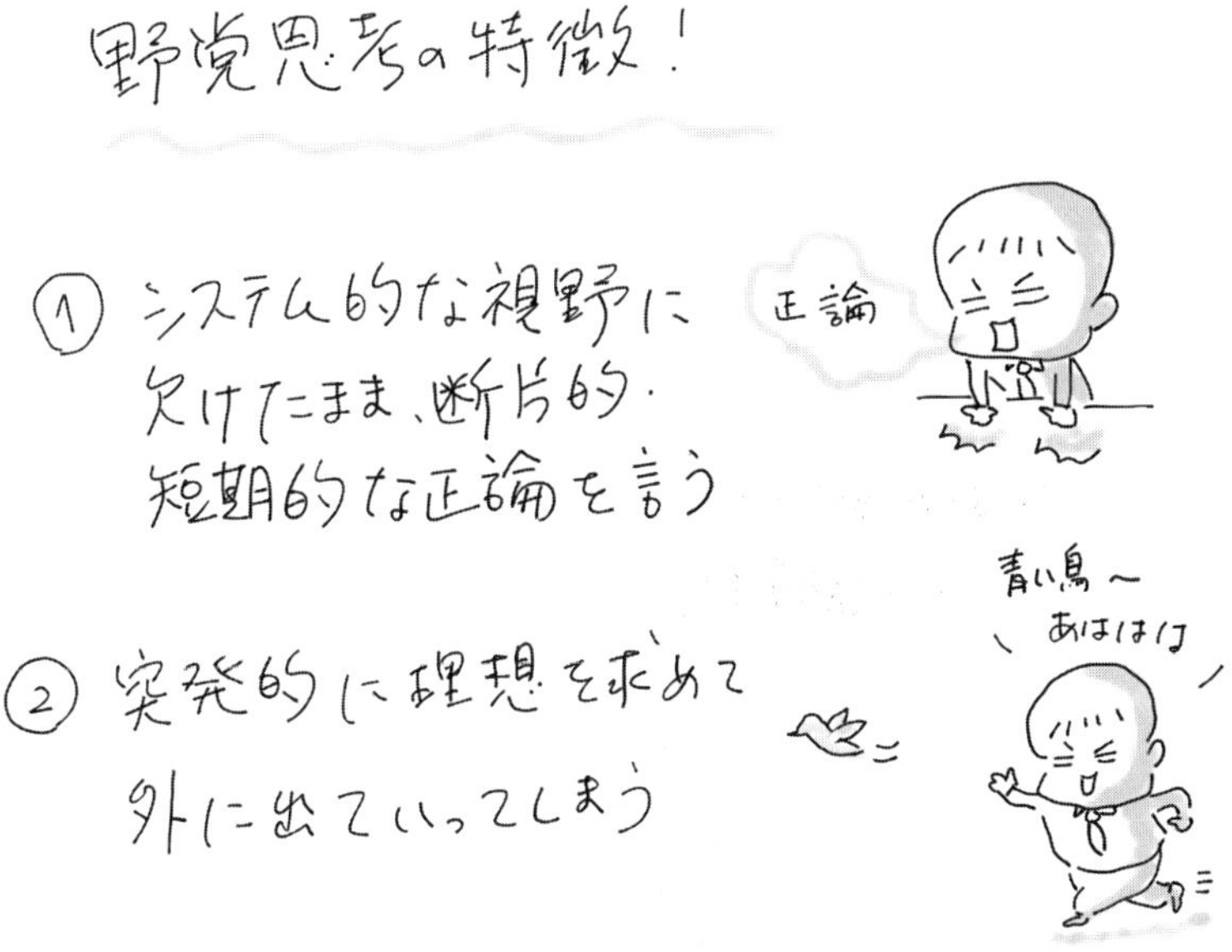
野党思考の特徴！
① システム的な視野に欠けたまま、断片的・短期的な正論を言う
正論
② 突発的に理想を求めて外に出ていってしまう
青い鳥〜
あははは

「正論さん」、「青い鳥症候群」など、言い方は様々存在する

石川さんは急にトーンを落として僕に語りかけてきた。

「サカモトさんにも考えて欲しい。もし、今の部署に対して許せないくらいの不満があるんだとしたら、『自分が責任者だったら……具体的にどうするのか？』ということを。そして、あなたが本気でやりたいことは何？　成し遂げたいことは何なのか？ということを」

僕は石川さんを目の前にして、このどストレートな直球を打ち返すことはできなかった。僕は石川さんの目を見つめながら沈黙した。

しばらくの沈黙の後、石川さんがようやく口を開いた。

「皆さん、『浦島太郎』って知ってますよね？」

唐突に昔話が出てきた。そうだ。石川さんのセッションは、寓話を使っていたのだった。

「亀を助けたら竜宮城に連れてってくれたって話。竜宮城で楽しんで、戻ってきたら時間が進んでいて、待っている両親も亡くなっていた。で、お土産にもらった玉手箱を開けたらお爺さんになっちゃうんですよね。あの話の教訓って何か考えたことある？」

う……確かに何度も読んだ話のはずだが、あれは何が教訓なのだろう。

「やはり、中身がわからないものは簡単に開けちゃダメとか……？」

ヤマダの軽い発言は昔から変わっていない。

「ははは、さすがヤマダさんね」

石川さんは笑いながらもヤマダの話をスルーする。

「これ、本当にひどい話だし、何か教訓があるのかすらわかりませんよね。亀を助けた結果、お爺さんになっちゃうっていうストーリーなんだから。でもね、冷静に考えると、この浦島太郎って、反面教師としてのメッセージを伝えてくれていると思いません？」

……？　みんなの頭にクエスチョンマークが浮かぶ。

「いじめられている亀を善意で助けた。その結果、亀が竜宮城に案内してくれると。浦島太郎はその提案に乗ったんですね。これ、どう思います？」

「うーん。あまり疑問に思いませんでしたが、冷静に考えると、確かに軽すぎますね」

ミズノが冷静に答える。

「そうですよね。浦島太郎は、竜宮城に行くことの意味を全く考えてないんです。助けたことの見返り、というだけで、竜宮城が何なのかも正確に知らないままに受け入れてしまったんですよね。ここが人生の岐路だということも知らずに」

確かに後日談的に見れば、浦島太郎にとってここが人生の岐路だったのだ――。

「これは勝手な想像なんだけど、浦島太郎も、親の世話が大変だったり、毎日つまらない日常があって、モヤモヤとした現状を打破したいという欲求があったんじゃないかと思うんです。そこに降って湧いてきた亀からの竜宮城という魅惑的なキーワード。多分、日常と比べたら刺激的な世界に見えたはず。でも、たったそれだけのことで、そこに開いていた非日常の入り口に疑問も持たずに入っちゃったんですよね。家には、浦島太郎を待つ年老いたご両親がいたというのに……」

石川さんは続ける。

「つまりね、現状にただモヤモヤして不満だけを感じている『野党思考』の人にとっては、その外に広がる世界というのは理想的な別世界のように見えてしまう、という警告なのかもしれない。自分はこうしたい、という確固たる軸がない人にとっては、ちょっとした刺激にすぐ反応して、あたかも外側に完璧な世界があるかのように思ってしまう危険性……。少なくとも私は、このストーリーをそう受け止めています」

そんな読み取り方があるのか。僕はこのストーリーに何度も触れているはずなのに。改めて石川さんの着眼点に驚いた。

「皆さんはどうですか？　現状にモヤモヤしているのはみんな同じですよね。だからこそ、しっかり考えて欲しい。もちろん、社内の制度上の課題は私の責任でもある。でも、だからといって、別の場所に行けばその課題がなくなるわけじゃありません。結局は同じことの繰り返しってことになる可能性は高い」

石川さんの一言ひとことが胸に刺さった。

「だとしたらね、いきなり提示された『竜宮城』っていうキーワードに飛びつく前に、それをキッカケに自分が本当に何をやりたいのか、ということをじっくり考えるべきだと思うんです」

浦島太郎の日常にぽっかり開いた「竜宮城」という地獄の入り口

石川さんはしばらく無言で会場を見渡した。

「ま、ひとまずそれがこのセッションの最初のメッセージですね。3日間は長いから、残りの時間をかけて、ゆっくり考えていきましょう」

石川さんは僕に目線を合わせて軽く微笑んでから、ゆっくりした足取りで教室を去っていった。部下らしき人たちも、石川さんについていった。

まさに、今僕は竜宮城という非日常の入り口に気づいてしまったところだ。ここに飛びついたら、浦島太郎と同じ過ちを繰り返す可能性がある。だからこそ、これをキッカケに、僕が本当にやりたいことは何かを考えるべきなのだろう。

しかし、それは一体何なのだろうか……？

さらなる疑問が頭の中をグルグルと渦巻いていた。

僕は新人研修の時に使っていた手帳を取り出し、その続きのページにメモを書き込んだ。

3年目研修　石川さんセッション

1

野党思考と『浦島太郎』

○全員にとって完璧な制度はあり得ない。必ず誰かにとっては不満が残る

○断片的で短期的な視点から正論を言うことを、『野党思考』と言う

○『野党思考』に陥った人は、外に完璧な世界があると考えて、深く考えずに理想を追求してしまいやすい

○普段から「自分が責任者だったらどうするか」という『与党思考』で考えるトレーニングをしておくことが重要

上司たちは果たしてどんな視野で物事を見ていたのだろうか……。僕は単に断片的・短期的な視野で物事を見ていただけなのだろうか……。

Session

8

アリが
キリギリスに
嫉妬する理由

休憩の時間はお互いの近況報告であっという間に終わってしまった。

配属以降、2年間全く顔も合わせていなかった人もいる。同期とはいえども、お互いに忙しく、所属が異なれば会う機会もない。だからこそ、それぞれの近況に興味がある。

しかし近況といっても、知りたいのは、みんなどれだけ評価されているのか、どれだけ活躍しているのか、そして何よりも「自分が出遅れていないのか」ということだ。自分が同期よりも出遅れていない――そんな確信を得て、ホッと一息つきたい。みんなそんな焦りのような想いが表情に出ている。

普段、こういう場では専ら聞き役だった僕だが、今日の休憩時間の会話では自分にスポットライトが当たる形になった。理由は簡単。その前の石川さんとのセッションで「転職宣言」をしてしまったからだ。

どこに行くんだ？　何で転職するんだ？　上司にはどこまで話したんだ？

そんな質問を矢継ぎ早に受けたが、僕は何と答えるべきか思い悩んでしまった。なぜならば、『浦島太郎』の話が引っかかっていたからだ。

僕は単に目の前の現実から逃げたいだけではないのか？　そもそも自分は『竜宮城』のことをどれだけ知っているのか？　どれだけそこに行きたいと思っていたのか？　単にその機会に飛びつきたいだけではないのか？　そんなことを考えていると、同期の質問への回答の歯切れは悪くなる。

「まぁ、まだ具体的に答えを出したわけじゃないから……」

そんな曖昧な答え方をしながら、僕は自分がどこに向かおうとしているのか、再び深い悩みに落ちていった。

しかし、僕には『与党思考』という「ギフト」を手にしたという実感もあった。僕は今まで世界の片側だけから見ていたのかもしれない。今までは不満に感じたことを合理的に話すことが正義だと思っていたが、それは完全な『野党』としての立ち位置だった。『与党』からの視界というのはどういうものなのだろうか？　僕はそこに興味を持ち始めていた。

夕食休憩前の今日最後のセッションは石川さんの時間だ。今日はこの気持ちをもう少し整理して終わりたい、そんな気持ちで僕はセッションに向かった。

外はもう陽が沈みかけていた。

○　○　○

「夕方のこの時間って、頭の回転が落ちるんですよね。今日1日研修があって、もうみんな何にも考えたくないでしょう」

石川さんは笑いながら語り始めた。

いや、そんなことはない。僕はこのモヤモヤする気持ちをクリアにしたい、むしろ頭は冴えている、と心の中で呟いていた。

「さて、何か話したい人はいますか？　もう疲れているでしょうし、ここからは皆さんとゆっくり対話する時間にしたいですね」

僕が手を挙げようとする前に、ヤマダがすぐに挙手した。

「さっきのセッションでの『野党思考』のことは理解できたんですけど、やっぱり明らかに質の悪いリーダーは存在します。ちゃんと部下を見ずにえこひいきばかりしている上司を見ていると、正直こんな上司の下で働くことに意味があるのかと感じてしまいます。批判ばかり、と言われそうなんですけど……」

「なるほどね。尊敬できないリーダーの下で働くのはなかなか辛いですね」

石川さんはヤマダの言葉を一旦受け止めた。

「他にも似たような問題意識を抱えている人はいますか？」

今度はカザマに先を越された。

「は、はい！　僕も上司に対しては疑問を持っていて。とにかく機嫌によって左右されるんです。機嫌が良い時はいいのですが、悪い時はいろんなことにケチをつけてきて。だから、相談に行く際も、機嫌が良いかどうかを見計らって行くようにしています」

「そうなんですね。それはまた厄介な状況……。でも気持ちはよくわかります」

「うちのところはちょっと違いますが、良いですか？」

ナガサワが声を上げた。

「どうぞ」

「うちの上司は、実は皆さんの場合と違って完璧な上司だと思います」

へー、という声がどこかから上がった。それは羨ましい。

「でも、完璧が故に、苦しいです。やること全て手抜かりがなく、ソツがない。良いと言えば良いのですが、指摘されることがイチイチ正しくて、いつまで経っても無力感を覚えます。私や他のスタッフがいなくてもあの上司さえいれば組織は回ると思います。何しろ完璧ですから。皆さんのように上司を批判できる、ということは、まだ自分が組織に貢献できる余地があるということ。私からすれば羨ましいです」

「うん、わかる。完璧すぎるリーダーっていうのは息苦しいものですよね」

僕は自分の上司に対する不満を話そうと思っていたが、みんなの話を聞いていくうちに、これが現実なのかと妙に納得してしまった。万人にとって理想の上司なんていないのかもしれない。

「皆さんシチュエーションは違えど、上司を変えたいという思いは一緒。じゃあ、今発言してくれた3人の上司をシャッフルしたら、みんなはハッピーになりますかね？」

ヤマダ、カザマ、ナガサワの3人が顔を見合わせる。

「たとえば、ヤマダさん。ナガサワさんの上司である完璧なリーダーの下で働きたい？　おそらく今の上司よりキッチリいろんなことを見てくれそうね」

「いやぁ、でもそれはそれでキツそう……」

「そうですよね、ひょっとしたら昔のダメな上司の方が良かった、とか言っているかもしれませんね」

ヤマダは苦笑いしながら頷く。

「今朝も『完璧な世界なんてない』と言ったけど、人間関係の課題って考えれば考えるだけキリがない。今話してくれたのは3人だけど、上司ともっと複雑な人間関係になってしまったケースもたくさんあるんだと思います」

石川さんは見渡しながら語る。

「心理学者のアドラーは、『人間の悩みは、すべて対人関係の悩みである』、『悩みを消し去るには、宇宙の中でただ一人生きるしかない』と言っています。だから、今の上司との間にある課題がなくなったとしたら、また新しい対人関係の悩みが来る。それだけのことなんです。こんな風に言っている私も、人間関係で悩まない時はないわけだし」

遠くから「へー」という声が上がった。

そうなのか……。石川さんの立場になっていたら、もはや人間関係みたいなものを達観して、次元の違う悩みを持っているのだと思っていた。

「でもね、対人関係の悩みは尽きないからこそ、自ら意図してシャットダウンする必要があると思います。たとえば、カザマさん。あなたの上司は、機嫌の波が激しいんですよね？」

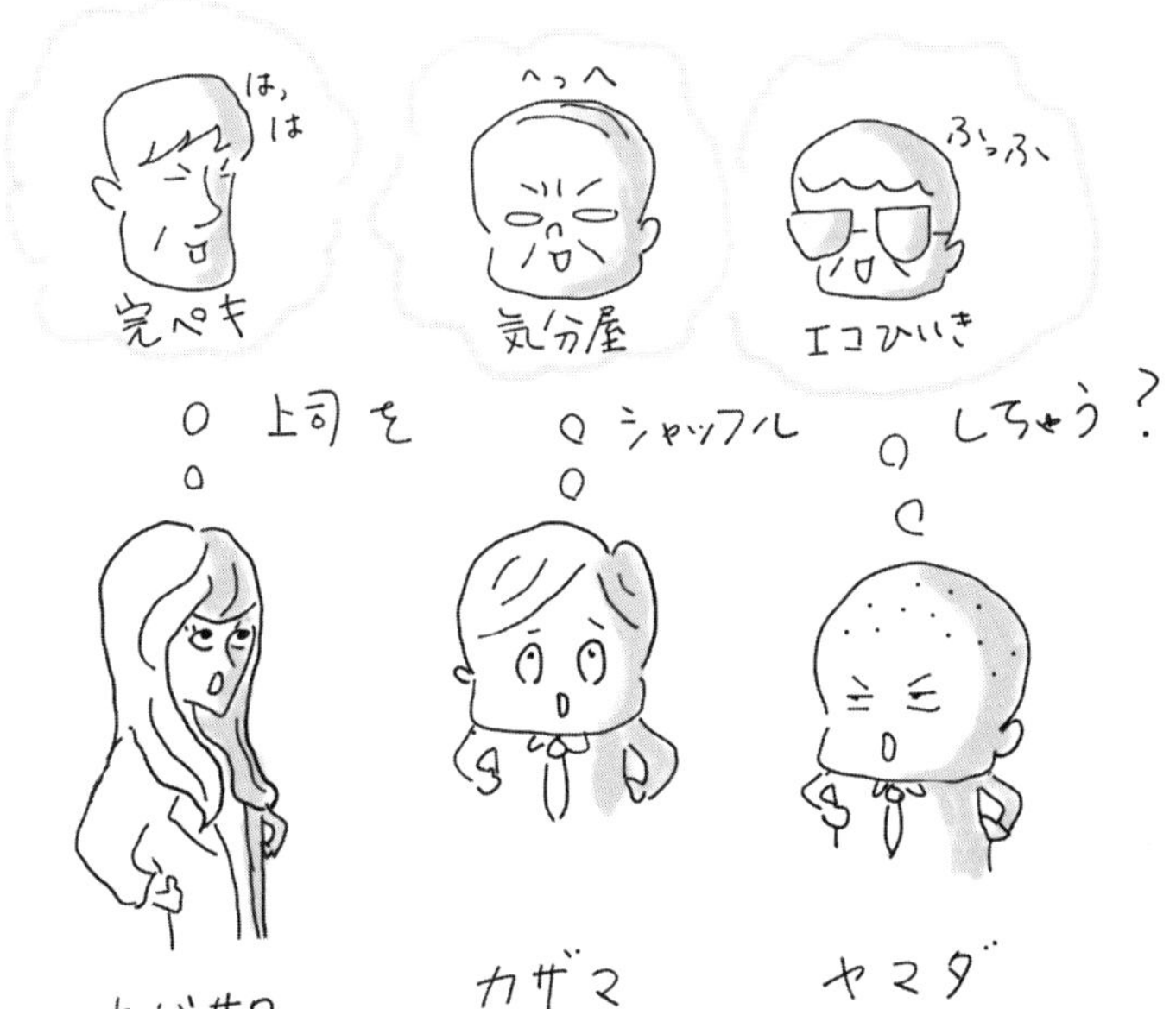

上司をシャッフルして……問題は解決するのか？

「は、はい」

「だから、上司の機嫌を常に窺いながら行動している」

「ええ、まぁ」

「それって、知らないうちに上司の人生を生きているってことですよね？」

「上司の人生を生きる……ですか？」

「そう。上司のことばかり考えて、頭の中は上司のことでいっぱい。『今日は上司に評価されたから嬉しい』とか、『上司のレスポンスが酷かったからシンドい』といったような気持ちにならない？」

カザマは無言で頷く。

「それって、上司に人生の主導権を握られているってことに他ならないでしょ？」

「確かに……」

「カザマさんは、ずっとそういう人生で良いのですか？」

石川さんはストレートに聞く。

「いや……。もちろんイヤです」

「そうですよね。だからこそ、アドラーは『課題を分離せよ』と言いました」

石川さんはホワイトボードに書きながら話を進める。

「仕事で成果を上げるのは自分の課題、一方でその成果を評価するのは上司の課題。この二つをごちゃ混ぜに考えちゃダメ。で、大事なことは、自分自身は『自分の課題』だけにフォーカスして考える、ということです。どう評価するかは上司の課題だから、他人の課題に足を突っ込んで悩むことはない。それは時間の無駄。だから、自分の成果において最善を尽くす。あとは誰がどう評価するかは知ったこっちゃない。それくらい切り分けをしないと、私たちは気づかぬうちに他人の人生を生きることになってしまうんです」

そう言われると、僕もこの2年間、他人の人生を歩んでいたのかもしれない、ということに気づいた。常に人の評価を気にして、自分のことを疎かにしていたのだ。

ではどうしたら良いのか……。そう考え始めると答えが見えない。つい僕は手を挙げていた。

「でも、上司からの評価は『他者の課題』とは言いつつ、そんなにクリアに切れるものでもないと思います。現実的に、上司がイエスと言わなければ動かないこともたくさんあるわけですし」

僕は今感じたことを率直に口にした。

「もちろん、上司を無視しろとか極端なことを言うつもりはありません。私が言いたいのは、まずは自分の人生の主導権を取り戻すことを優先的に考えて、ということ。そして、その上で他者と折り合いをつければいいんです。順番が大切ってことね」

「順番ですか……？」

「そう。今は、上司に主導権をほとんど握られているんじゃない？」

「ええ、まあ。だからこそ僕はそこから逃げ出したいと思って転職を考えているわけですが」

課題を分離せよ！ byアドラー
はい、
こっからは
あなたの
課題です～
ええっ
こっちは
ベストを
尽くしますよ！
ここから入るな！
自分の課題
ゾーン
他者の課題
ゾーン

評価をするのは上司の課題。他者の課題に踏み込んで余計な悩みを抱えない

「本当にどうしようもなくなったら逃げ出すのはいいと思う。逃げる、というのは大切なオプションです。でも、サカモトさんの状況を聞く限りでは、今の場所で自分の主導権を取り戻す練習をしてからでも遅くないはずです」

「練習ですか？」

「そう。まずは自分が何をやりたいのか、やるべきなのかを、主語を自分という『一人称』にして語ってみるんです。主語が会社とかうちの部とかうちの上司というような『三人称』ではダメ」

石川さんは、ホワイトボードに『一人称』と『三人称』という言葉を書き、『一人称』という言葉から『三人称』に矢印を引いた。

「まず一人称で考える。その上で三人称の意見は、必要だったら一人称の中に取捨選択して取り込んでいけばいいんです」

なるほど。わかるような、わからないような……。

「たとえばね、サカモトさんの今のメインの仕事は何？」

「新規営業です。うちのシステムがハマりそうな顧客を発掘して、提案して契約を取ってくるっていう仕事です」

「なるほど。で、サカモトさんはなんでその仕事をやっているの？」

「なんでって、それは上司から新規営業をアサインされたので……」

「ほら、三人称から入っちゃった」

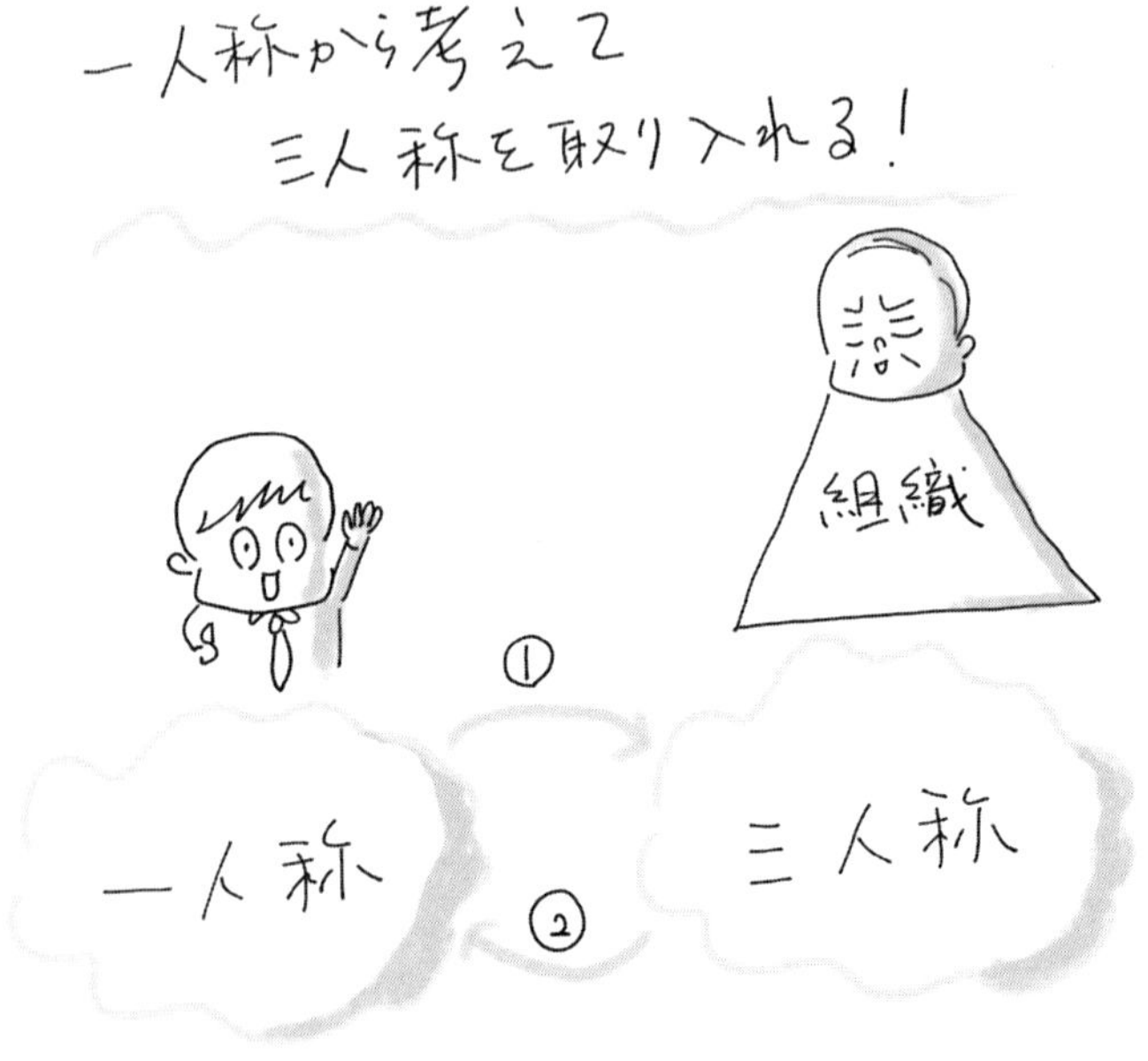

最初に「自分が」どうしたいのかを考える。その上で、他者の希望とどう折り合いをつけるのかを考える

「え……？」

「実際に、今の仕事は上司からアサインされたのがキッカケかもしれないけど、サカモトさんは指示をされれば何でもやる人間なんですか？　違うでしょ？　自分の意思が少なからずあるはず。だから、今の話を一人称のストーリーに変換してみましょう」

「一人称……？　僕が……えーっと僕はうちのシステムを導入すれば、クライアントの業務は間違いなく効率的になると思っています。……だから、顧客の役に立てると感じているので僕は新規営業をしています」

考えながら話していたら、何だか小学生みたいな作文になってしまった。恥ずかしさに苦笑が滲み出る。

「うん、いいじゃない。そうそう。そういう感じ。ちなみにそれって本気で思ってるの？」

「ええ、まあ。やっぱり顧客から感謝されると実感持てます。そういう時に仕事をやる意味が理解できます」

不思議なことに、話しながら、自分にとって今の仕事の必要性が内側から湧き出てくるような感覚を覚えた。僕はこの仕事に少なからぬやりがいを感じているのだ。

「もしそれが本当だとしたら、それはラッキーなことです。仕事そのものの意味を一人称で語れない人は、実はとても多いんです。それが語れているという段階で、大きなアドバンテージなんですよ。素晴らしいじゃない。で、一方で上司は何て言っているわけ？」

「上司は、数字が出ているのはいいんだけど、もっと社内で丁寧に意思疎通しながら仕事ができるはずだ、と。毎回改善しろとか、反省点を考えろって言われるんですけど。数字はちゃんと出しているんですよ、こっちは。数字に対する評価もせずに……、僕の足を引っ張りたいとしか思えません」

「なるほどね。そこにフラストレーションがあるんですね。理解できます。じゃあ、ちょっと質問を変えるけど、今、サカモトさんは自分の仕事のスタイルは何点だと思っていますか？」

「え……、そりゃまだまだですから、50点とか60点とか……ですかね」

話しながら、僕は石川さんが言いたいことがわかってきた。

「なるほど。だったら自分でもわかっているじゃない。まだ改善が必要って」

「ま、まあ、そうですね。そこは否定していません」

「だとしたら、その三人称、つまり上司からの意見を自分の一人称のストーリーに取り込んじゃえばいいんじゃない？　だって自分だって必要だと思っているんでしょ？」

「うーん、まあそうなんです。そうなんですけど……」

石川さんの言っていることは正しい。でも感情的に認めたくなかった。

「気持ちはわかる。気に入らない上司の言いなりになりたくないんでしょ？　だからこそ、上司の言いなりではなく、自分の意思で決めればいいんです」

自分の意思、か。

「自分の意思で、やる、やらないを判断すればいい。そこでは相手に対する感情はどうでもいい。それに影響されちゃったらそれこそ、相手に意思決定の主導権を奪われていることになります」

「でも、上司の顔を思い出すと、そんなに切り替えができるのか……正直自信がありません」

「そうですよね。だからこそ、練習が必要なんです。これくらいの軽いレベルの状況で徐々にならしていかないとダメ。それが嫌で逃げたら、これからずっと『あいつがイヤだ、こいつがイヤだ』ってことで仕事を変わる羽目になります。他人に主導権を奪われたままにね」

石川さんは言葉を切った。

僕にも徐々に石川さんが伝えたいことがわかってきた気がする。できるかどうかは別だが、何にせよ練習は必要だ。


「みんな、『アリとキリギリス』のストーリーは知っていますね?」

唐突な石川さんの話題の切り替えにはもう慣れてきた。

「怠け者のキリギリスと働き者のアリの話ね。夏の間に怠けていたキリギリスは、寒い冬を迎えて、餓死しそうになってしまう、というストーリーです」

「ああ。確か必死に働くアリを横目に、キリギリスは歌を歌って遊んでいるんですよね」

ヤマダが続いた。

「そうそう。だから、この寓話を通じて、アリのように計画性を持て、だとか、勤勉に働け、というメッセージを受け取ったはず。覚えているでしょ？」

確かにこの話はとてもシンプルなストーリーゆえに、メッセージもわかりやすい。しかし、だから何なのだろう？　石川さんは何を言いたいのだろうか？

「でもね、アリのようなタイプは、得てして他人の人生を生きがちなんです」

石川さんはズバリ言った。

「想像してみて。皆さんはアリ。アリには大きな組織があります。その組織によってみんな支えられているし、皆さんが組織を支えている。だからこそ、一旦アリの組織に入ってしまうと、おそらく高い同調圧力があるはず。個人レベルのやりたいことなんて尊重されない。みんな自分の役割をわき目も振らずにやるだけ」

今の僕の組織と同じような雰囲気かもしれない……。

「そんな時に、素直に自分のやりたいことをやっている人、やろうとしている人はどう見えるかしら？」

「そりゃ、ワガママな奴ですよね」

ヤマダが即答する。

「そう、ワガママな奴。本当は羨ましいのにね。自分がそう振る舞えないからこそ、腹も立つんですね」

「確かに。余計気に入らないという感情が沸き立ちますね」

ヤマダが笑いながらも本音を語る。

「で、そういう歪んだ感情を持ち続けていると、いつからか一人称で考えることを放棄し始めるの。『自分がどうしたいか?』って考えることは、気に入らないあいつの考え方。だから、その反動でさらに『自分は組織のために生きる』ってことにハマっていく。本音ではイヤなのに」

みんなその言葉の意味を噛み締めている。

「アリからしてみたら、自分が好きなことを追求しているキリギリスは本当に気に入らなかったでしょうね」

アリの気持ちはよくわかる。嫉妬が入り混じった感情。本当は自分の人生とは関係ないキリギリスなのに、僕だったらキリギリスの不幸を願う気持ちも持ってしまうだろう。

「このストーリーでは、キリギリスが飢えて苦しむことで終わるんだけど、果たしてアリとキリギリス、どっちが幸せな人生なんでしょうね?」

こんな話を聞くまでは、当然アリの方が幸せだったと思っていた。しかし、アリにはアリの辛さがあるに違いない。

「アリの視点からしてみたら、キリギリスは不幸な人生ですよね。というか不幸であって欲しい。でも、キリギリスの視点からしてみたら――やりたいことを追求した人生、自分の人生の主導権を貫いたという観点からすれば、必ずしも不幸だったとは言えないのかもしれないんじゃない？」

　みんな黙って話を聞いている中、ナガサワが挙手をした。

「でも、みんながキリギリスみたいになったら組織は崩壊しちゃうのではないですか？」

　石川さんはその質問を笑顔で受け止める。

「そう、それもその通り。ここで出てくるアリとキリギリスというのは極端なんです。私が言いたいのは、別に皆さんに短期思考で脳天気に生きろ、ということではありません。でも、このまま行くと、ここの大半の人は、アリのように『苦行に耐えてこそ仕事だ』『自分を押し殺してこそ仕事だ』という誤った価値観を持ってしまう危険性があります。だからこそ、敢えて対極のキリギリスを引用に出したんです」

　みんなはじっと石川さんの話を聞いている。

「本来あるべきところはその中間のはず。つまり、自分の人生ということを大切にして主導権を持ちつつ、他者や組織の視点をそこに取り込んでいく、というバランスの取れた生き方ですね。それが私が伝えたかったポイントです」

　何度か出てきた『人生の主導権』という言葉が、僕の頭の中を巡っている。

　僕は何をやるにも、まずは『他人の視点』を気にしてしまう。その生き方は、石川さんの表現をすれば、『他人に主導権を奪われていた』、もしくは『他人の人生を生きてきた』と言えるのだろう。この生き方を克服しなければ、転職しても同じことを繰り返すだけだ……。それは改めて

組織の都合ありきのアリと、自分に素直に生きるキリギリス。幸せなのはどっちなのだろうか?

痛いほどわかった。

しかし、僕はどうすれば良いのだろうか？　転職すべきなのか、このまま居残るべきなのか？

「さて、今日も時間になったから、ここまでにしましょうか。明日も朝は早いから、今晩はお酒はそこそこにして、早く寝てくださいね。この続きはまた明日しましょう。では、今日はお疲れ様でした」

石川さんは横にいる部下とスケジュールの確認をする様子で、慌ただしく出ていった。

『一人称で考え、三人称を取り入れる』か――。僕は今まで『三人称で考え、一人称を放棄する』という生き方だったから、息苦しかったのかもしれない。

ふとみんなを見渡すと、同じような表情をしていた。

これはアルコールを入れてもう少し仲間たちと語り合うべきなんだろう。僕はそう思った。今晩はこれから長い夜になると感じた。

3年目研修　石川さんセッション

2

アドラーの教えと『アリとキリギリス』

○上司の課題を自分に取り込まない。自分は自分の仕事を精一杯やる
○仕事はまず自分がどうしたいのか、という『一人称』で考える。組織の『三人称』の視点は、『一人称』で考えてから、柔軟に取り入れていく
○『一人称』で考えるのは、練習が必要。練習しなければ同じことを繰り返してしまう

理屈はわかった。僕には練習が足りない。
でも……今の組織に残って練習すべきなのだろうか？

Session

9

花咲か爺さんの人生の尺度

結局昨日は2時過ぎまで飲んでしまった。僕はさすがに眠くなって部屋に戻ったが、まだ7〜8人くらいは残って飲み続けていたはずだ。ヤマダの今朝の眠そうな顔を見ていると、あのまま残ったメンバーは、ひょっとしたらほとんど寝てないのでは、という気がする。

飲み会での会話内容は正直大半は覚えていないが、今の僕には一つの確信と焦りがあった。

確信とは、僕はおそらく転職はしないだろう、ということだ。みんなとキャリアの話をしながら、自分の転職熱が急激に冷めていることを客観的に感じていた。何よりも石川さんの『与党思考』という考え方が与えた影響が大きかった。今の組織でもっと『与党的』に考えて行動してからでも遅くはないはずだ。何とも単純な奴だと笑われそうだが、結局僕は目の前に来た亀の背中に飛び乗ろうとしていただけなのだと、自分自身で気づいてしまったのだ。

一方でみんなの話を聞きながら、焦りも感じていた。それぞれいろいろな課題を抱えているが、キャリアに対するイメージを強く持っている人が多いのだ。みんな、「あまり考えていない」と言いながらも、虎視眈々と海外赴任のチャレンジを考えて語学学習に励んでいたり、資格取得に向けてスクールに通ったりしていた。何かに向けて具体的に行動しようとする姿勢は僕にとっては眩しく見えた。

「みんな、何だかんだ言って、結構考えているんだ。僕はちょっと出遅れちゃったなぁ」

寝不足の回らない頭でそんなことを考えていた。

○　○　○

「やっぱりみんな深酒したんですね」

石川さんの第一声は、教壇に立つ前、会場の扉を開けた瞬間だった。

みんなのくたびれた様子を後ろ姿で見たからなのか、それともちょっと酒の臭いが残っていたからなのか。

「ま、久しぶりに会ったのだから仕方ないかもしれませんね。でもこの時間はそんな回らない頭をフル活用してもらいますから」

石川さんは通路を歩きながら、明るく語る。

その様子を見て、石川さんも僕たちと語り合うことが楽しいのではないかと感じた。人事の仕事は、退職や異動、評価など気を使うことが多いはずだ。その中で、自分が言うのも何だが、未来ある若手とこれからの話をするということは、とてもポジティブなことなのに違いない。

「さて……昨日は飲みながら何の話をしたの？　一番眠そうなヤマダさん」

「え、あ、はい。えーっと。何の話だっけな」

あいつはおそらく何一つ覚えてないはずだ。あの酔っぱらい方は絶対に記憶が飛んでいる。

「あら、ダメですね。全く覚えていない……もしくは全く頭が回っていないか。じゃあ、参加した他のみんなに聞くけど、何の話をしたのですか？」

と全体に問いかけた。

「やっぱりキャリアの話が多かったです。これから何をしたいか、とか、それに向けてどんな準備をしているか、とか」

僕が答えた。

「なるほどね。キャリアの話、とても気になりますよね。で、サカモトさんはどういう感想を持ちましたか？」

「え……まあ、何というか。僕がいかに考えていないか、と感じました。それとみんなしっかり考えているんだなとも。みんな目的を持って、資格の勉強を始めていたり、ＭＢＡを考えていたり。海外赴任というキーワードも出ました」

「あら、そう。でも、サカモトさんもしっかり考えた結果としての転職なんでしょう？　だったらいいんじゃないですか？」

石川さんの問いにちょっとした皮肉を感じる。

「いや、でも僕のはちょっと違うなと。僕は5年後、10年後にどうなっていたい、というイメージがないんです。行き当たりばったりというか」

「そうなんですか。ではみんなに聞くけど、5年後、10年後にこうなっていたい、というイメージがある人っています？」

……。さすがに誰も手を挙げない。というか、この質問は手を挙げづらいだろう。

するると、ちょっと遅れてカザマが手を挙げた。

「僕は明確なイメージがあるわけではないですが、やっぱり海外、特にニューヨークには行きたいと思っていまして。だからこそ、今は語学の勉強にしっかり取り組んでいます」

「なるほど。ニューヨークですね。ちなみに何でニューヨークなんでしょう？」

「やはり、ニューヨークは僕にとってビジネスの本場です。最前線で視野が広がりますし、責任や権限も広がります。僕の憧れの先輩がニューヨークに行っているのですが、現地での経験は日本にいる数倍は大きいと聞きました。先輩みたいになりたいな、と。ステップアップのためにも是非行ってみたいと思います」

「ふーん、なるほど。で、その後は？」

「そうですね……。事業会社の社長とかもやってみたいかなと」

「うん。で、サカモトさんはこういう話を聞いて焦ったと」

「はい、まぁ明確な目的意識があるのは羨ましいなと……」

石川さんの考えを探りながら、僕は答えた。

「なるほど……」

石川さんは何か言葉を選んでいるようだ。

「まあ、目的意識があるのは悪いことじゃない。でも、その目的としていることが本当に自分がやりたいことなのか、っていうのが重要ですね」

「そりゃ、まぁそうですね」

僕は話の展開を読めずに肯く。

「じゃあカザマさんに聞くけど、本当にニューヨークに行きたいの？」

「はい、もちろん」

「それは、ニューヨークが『競争に勝った証』だからじゃなくて？」

「え……？」

「ニューヨークって、カザマさんの部署ではどういう人が行ってますか？」

「いわゆるエース級の人たちですが……」

「カザマさんにとってニューヨークは『偏差値70の学校』と同じだったりしない？」

「……」

「つまり、学校選びと同じで、ニューヨークという土地やニューヨークでやることそのものには実は興味はない。でも、偏差値が高いから行きたいと。だからもし出世コースがベネズエラになれば、ベネズエラ行きたいって言うんじゃないかなと」

「い、いや。まぁ……」

石川さんの指摘はカザマにとって図星だったようだ。二の句が継げずに固まっている。

「もちろん出世を目指すのは悪いことじゃない。でも、その価値観だけでキャリアを考えること

あなたは本当に「ニューヨーク」に行きたいの？

はものすごく危険なことかもしれない。わかりますか？」

もはや問いはカザマではなく、会場全体に向けられていた。

「はい。それは出世できなかった場合に自分を見失ってしまう、ということですよね？」

横からミズノが入ってきた。

「そう、ミドルステージの人が迎えるアイデンティティの崩壊。これはなかなかツラいんです。20年くらいずっと目標にしていたものが突然なくなっちゃうんですから。そのために嫌な仕事も引き受けてきたのに、もうその後どう生きていけば良いかわからなくなっちゃうんです」

あれは2年目になったタイミングだ。全社的に異動辞令が発表になった日、課長がその辞令を前に愕然とした表情を見せていたことを思い出していた。あれは、目指していたものが閉ざされて、目標を失った瞬間だったのかもしれない。僕もその心境を想像することはできる。

「甲子園で優勝できるチームは一つしかありません。優勝を目指すのは良いけど、それよりも、勝ち負けに関係なく『どういうチームでありたいか』ってことに価値を置く方が幸せに近づけると思わない？」

甲子園か……。確かにその喩えはしっくり来る。甲子園で負けて泣きじゃくっているチームを見ると、「実は勝つことより大事なことがあるんだぞ」とテレビに向かって言いたくなってしまう。

「私たちは、小さい頃から勝つことを義務付けられてきた。決められた一つの尺度で、他人よりも秀でること。テストでは点数が尺度だし、徒競走ではタイムが尺度。それ以外の基準は認められない。誰かが決めた尺度の中で上を目指す、ということを続けてきたんです。だから、高校や大学も偏差値が何よりも重要だし、社会人になったら人気企業ランキングのような誰かが決めた基準で良し悪しを判断している。みんなそんな競争に慣れっこになっているんですね」

言われてみれば、僕もこの会社に入った理由は、いろんな言い方をしているけど、本音のところは業界の中でランキングが上位の企業だったから、ということなんだよなと思った。

「そういう生き方のことを、私は『偏差値教』と呼んでいます。一つの宗教ってことね」

石川さんは、ホワイトボードに向かって『偏差値教』という言葉を大きな字で書いた。

「偏差値教のポイントは三つあります」

石川さんはホワイトボードに向かったまま書き続ける。

「一つ目は、『尺度は単一である』。

二つ目は、『その尺度は誰か他人が決める』。

そして三つ目は、『その尺度の上位に入った人が偉い』。

この三つが揃った場所に違和感を持たないようであれば、皆さんは立派な『偏差値教信者』。どう、みんなはどれだけ熱心な信者ですか？」

みんな、ちょっと天井の方を見上げる。自分のことを振り返りながら聞いているのだろう。

「偏差値教に入っている人は、まずは他人を『記号』で判断する。年収がどれくらい、とか、どの企業に勤めて役職は何か、とか。記号からじゃないと人を判断できないんです。わかりやすい『記号』が全てだから、逆に『記号』に表れない曖昧で抽象的なものに着目することはありません」

確かに僕も上司を見る際は、まずこの人は入社年次から見てどれくらい出世しているのか、というところから見てしまう。それ以外のことを無視しているわけではないが、それらは記号を補完する情報に過ぎない。僕も立派な偏差値教信者なのかもしれない。

「改めて、カザマさんはどう？　あなたはどれくらい偏差値教に毒されていますか？」

「え……ま……まぁ、どうなんでしょう」

カザマは伏し目がちに言葉を濁す。

「でも、偏差値教で何か悪いことがあるんでしょうか？」

ナガサワが急にカットインしてきた。

「競争に勝たなくては物事を動かせません。みんな仲良く、多様な価値観を認めようって言っても、結局この世の中はその単一の価値観を制覇した一握りの勝者が動かしているんです。そんな甘いことを言っていたら、グローバルの競争には絶対に勝てません。競争を通じて常に上を目指す。石川さんはそれが悪いと言いたいんですか？」

空気を読まずにこういうことを言えるのはナガサワしかいない。

偏差値教とは？
① 尺度が単一
② 尺度は誰かが決める
（自分ではない）
③ 上位の人が偉い
オレ偏差値
73！
どや、

「偏差値教」に入ると、具体的な「記号」でしか人のことが見えなくなる

「はは。なかなかマッチョな考えね。力強くて良いんじゃないかしら？」

　石川さんは顔から笑みを絶やさない。

「もちろん、そういう価値観も否定しません。否定しないどころか、私も過去は同じような価値観だったから気持ちはよくわかる。だから、ナガサワさんはそのまま突っ走ればいいと思いますよ」

　ナガサワはまだ納得していないという表情で石川さんに射るような視線を送る。

「私がナガサワさんの価値観を認めるのは、本当の価値観というのは、自分で気づくところから始まるものだからなんです。私が今どうこう言ったから変わるような価値観は、価値観とは言えない。だから、好きなように生きて、その過程で深めていけばいいのです」

「でも、それだけだと物足りないでしょうから、参考までに、若かりし私が今日に至るまでにどういう経験をしてきたのか、ということをちょっと語りましょう」

　石川さんはテーブルにちょっと腰を掛けるような姿勢で語り始める。

「私もナガサワさんのようにマッチョな価値観を持って生きていた。女性ということもあって、変に気負っていた部分もあったんだと思います。舐められちゃいけないとか、男性に勝たなきゃいけない、みたいにね」

　ナガサワは大いに頷く。まさにそういう気持ちなんだろう。

「そうやって生きてきて、ちょうど社会人10年目くらいのことでした。とうとう念願のチームリーダーという肩書きをもらったんですね。男性も含めて同期で最初。競争に勝ったと思ったわ。自分の正しさが認められた気がして、とても嬉しかった。女性の活躍というテーマで、ちょっとしたビジネス雑誌とかでも華々しく取り上げてもらったこともありました」

石川さんのその姿は想像できる。

「ところが、チームリーダーとしての組織運営は最悪だったんです。メンバーが全くついてこない。やる気が感じられなくてイライラしたことを覚えています。『あなたたち、負け犬なの？成績が上がらなくて悔しくないの？』みたいな詰め寄り方を毎日していたと思う。自分がこれ以上ない努力をしているという自負もあったし、その姿を見せればみんなリスペクトをしてくれるとも思っていた。でもね、みんなが示し合わせたかのように一斉に異動希望届を私の上司宛に出してしまったの。ちょっとしたクーデターですね」

石川さんは一呼吸置く。顔は笑っているが、クーデターという言葉のインパクトが大きかった。

「その異動届を受けた上司からは『これはゆっくり自分のことを考えるタイミングかもな』と言われて、チームリーダーを外されてしまったんです。もちろん反発した。そんな甘いこと言っているから組織の成績は上がらないんだって、上司にも強く当たったし。でも決定は決定。私は従うしかなかった。私はそこで完全に自分を見失ったんです。同期で一番ということが拠りどころだったのに、まっ先にチームリーダー降格。周りから『競争に負けた人』って言われていることを想像しちゃって、心身にも不調をきたした。一方で、私が一時は無能だと思っていたかつての部下が、チームリーダーとかになって活躍している姿が見えるんです。もうね、どうしたらいいのかわかんなくなっちゃって」

石川さんにもそんな時期があったのか……。誰もが同じような驚きを感じながら話を聞いている。

「その経験を経て、私はいろいろ考えたし、理解したこともある。その一つは、人生はマラソンだということ。しかも42キロというような距離の決まっているマラソンではなくて、ゴールの見えない長い戦いなんです。だから、スタートしたばかりのトラック場でダッシュして1番のタイムを取っても仕方ないということ」

僕は、先の見えないレースを苦しげに走っている自分の姿を想像していた。

「そして、どういう選手がそんなマラソンを走り切ることができるのか、ということも学んだ。それは、その過程の『楽しみ方』ということを見つけた人なんですね。『辛いけど頑張る』というメンタリティは、短期間しか続かない。楽しむしかないんです」

石川さんは一呼吸置く。テーブルに軽く腰掛けたままの姿勢だ。

「じゃあどうやったら楽しめるのか。それはね、答えは人それぞれ。何が楽しいかって、それは絶対に他人と違うでしょ？　だから、人が決めたルールから一旦離れて、自分が楽しいものは何か、ということを胸に手を当てて考えなきゃダメなんです。

つまりね、今私たちが走っているのは、『自分でルールが決められるマラソンなんだ』ってことに気づいたの。速く走り抜けることっていう誰かが決めたルールではなくて、何でもあり。逆方向に走ってもいいし、走らなくてもいい。ルールを決めるのは自分なんです」

自分でルールが決められるマラソン……か。

「私はそこから『歩く』ということを選択しました。歩きながら、歩道に咲いている花にどれだけ気づけるか、というルールってことに自分で決めたんですね。これはもちろん比喩だけど。お陰でダッシュしていた頃には見えなかった、素晴らしい花に出会えるようになった。歯を食いしばってとにかくタイムレースに勝つ、ということが全てだった私にとって、大きな方向転換――でしたね」

石川さんは腰を掛けていたテーブルから降りて、歩きながら語り続ける。

「かなり回り道しちゃったけど、ようやくそこに気づいたのが40歳手前くらいのタイミング。その時に、初めて私は『偏差値教』という宗教から抜け出せたんだと思います」

石川さんはホワイトボードの『偏差値教』という言葉に目を向けた。

「ちなみにね、『偏差値教』から抜け出した私に、新たに『人事』という土俵を与えてくれたのが、私をポストから外した当時の上司なんです。その上司は、現社長の松山さんなんだけど。『偏差値教』から抜け出した私だからこそ、人事としてできることがあるんじゃないかと考えてくれたんだと思う」

え……。石川さんは松山社長の部下だったのか……。

「私は今、それなりのポジションについているように見えるかもしれないけど、ポジションそのものは私にとってはどうでも良いこと。私はこの仕事に意味を見出しているから、このポジションという記号より大切なものがいっぱいあるんです」

石川さんは、改めてナガサワに目を向ける。

「だから、ナガサワさんに私が言えることは、ちょっと回り道になるかもしれないけど、今は思う存分、ルールに従ってダッシュしてみなさい、ということ。そうすれば、いつか気づくことはあるんじゃないかな」

ナガサワの瞳には、今は挑むようなものはなかった。ナガサワも、ここまで女性として思うところはあったのだろう。しかし、石川さんの言葉を受けて、どこか自然体になっているような気がした。


『花咲か爺さん』という昔話があるんだけど、みんな知ってますか？」

あまりに石川さんの話に引き込まれていたためか、今回は話題の切り替えを唐突に感じた。

「ここ掘れ、ワンワンってやつですね？」

二日酔いで気配を消していたはずのヤマダが息を吹き返した。石川さんのストーリーを聞いていたからだろうか。顔には既に生気が戻っていた。

「そうそう。優しい老人夫婦がイヌの指示にしたがって穴を掘ったら、小判がザクザク出てくるやつ。で、それを見た欲張り爺さんが、同じようにイヌを連れ出して掘る場所の指示を出させるんですね。そうしたら、そこからはゴミしか出てこない……。まぁ細かい話は省略するけど、欲張り爺さんは、優しい老人のやることを全て真似て金持ちになろうとするんだけど、悲しいかな全部失敗して裏目に出ちゃう。一方で優しい老人は、気づけば枯れ木に花を咲かせる『花咲か爺さん』になって、大出世しちゃうってわけ」

「なんだかすごい省略の仕方ですね」

ヤマダが笑う。

「そう、あんまり細かく話す時間がないのよ」

石川さんも時計を見ながら笑う。

「で、ここで大事なことは、欲張り爺さんと優しい爺さんの生き方の違いということ。言わずもがな、欲張り爺さんは、『金』という単一の記号的なルールで生きている。一方で、優しい爺さんには、『周囲の人たちの幸せ』というような、非常に抽象度の高い自分が定めたルールで生きている、ということなんですね」

石川さんはゆっくり噛み締めるように語る。

「ルールが異なれば、見えるものも全く異なる。欲張り爺さんには、目に映るものが『金』にしか変換されない。全ては金という単一の記号に換算される対象になる。小判を掘り出さないイヌには『金』としての価値はないから、簡単に殺せちゃうんです」

「一方で、優しい爺さんには、欲張り爺さんには見えないいろんなものが見えている。なぜならば、『幸せ』という抽象度の高いことを実現するためには、いろいろなことを視野に入れなくてはならないから、なんですね」

そうか。同じ空間を共有していても、記号しか見えない人には、見えてないものがたくさんあるんだ――。

「そして、このストーリーのもう一つ大事なことは、一つの記号的な価値基準に縛られている人は、結果的にその価値基準を満たすことができない、という皮肉なんです。つまり、結果的に金に頓着しない優しい老人の方が金持ちになっちゃう。まるで出世を目指していた私が、出世争いから落ちていったように、ね」

石川さんは含んだ笑いをする。

「世の中にあるわかりやすい記号的な報酬は、多様な価値観を追求した結果についてくるオマケのようなものなの。その多様な価値観の前提を理解せずして、欲張り爺さんみたいにその行為だけを真似しようとしても、手に入れられないことってたくさんあるんですね……」

前回の『一人称から三人称』というテーマ、そして今日の『価値観の自己定義』という言葉が僕の中で一本の線で繋がっているように思えた。この世の中に働く強い引力に引っ張られて、自分を見失ってはならないのだ。

はっはっは
自分が定めた↗
抽象度の高いルール
で生きている人

花咲か爺さんは、「周囲の人の幸せ」という抽象的な価値観の中で生きている

「クリステンセン教授のことは以前も紹介したと思うけど、名著『イノベーション・オブ・ライフ』で著者のクリステンセンは、『あなたの人生を測る尺度は何か？』という大きな問いを読者に投げかけました。もし皆さんが悩んでいるのであれば、最初にこの問いに対してじっくり腰を据えて考えてみて欲しいんです。そこに自分なりの答えが出た瞬間、本当のキャリアはスタートするのですから」

石川さんは言葉を切る。そろそろ時間だ。

「そういう意味でね、サカモトさん」

急に石川さんは僕に向き合った。

「人が何をしているとか、どうなったとか、些細な結果を見て焦る必要はありません。転職するかしないかとかもどうでもいい」

石川さんの口調は断定的だが、とても柔らかな表情をしている。

「それよりもね、人生は『自分でルールが決められるマラソン』なんだから、まずは自分なりのルール設定から考えてみることをお勧めします」

石川さんは僕に合わせていた視線を会場全体に持っていった。

「さて、これで朝一のセッションは終わりです。今日はまた夕方に来るから、また後ほど皆さんと議論することを楽しみにしています」

僕は知らず知らずのうちに染み付いていた『偏差値教』という単一の世界観から抜け出す必要

を感じていた。今の組織の中でそれができなければ、どこへ行っても一緒だ。僕は改めてやるべきことの多さを認識しながら、石川さんの背中を見つめていた。

不思議と、昨夜から感じていた焦りがなくなっていたことに気づいた。

3

「偏差値教」と『花咲か爺さん』

○尺度が単一で上位に行った者が偉い、という価値基準を『偏差値教』と呼ぶ
○『偏差値教』に入信してしまうと、全てのことが単一の記号に変換された見方になってしまう
○まずは自分の人生を測る尺度は何かを自分で考えるべき。他人が決めた尺度の中で、多少の差に一喜一憂する必要はない

僕は人の見方が固定化されていたような気がする。役職とか年収とか、そういったわかりやすい記号には表れない深い人間観を持たなきゃダメなんだ！

Session

10

大きな蕪《かぶ》を分解する方法

前回の石川さんのセッションから、自分のキャリアについて、働き方についていろんな思いが頭を巡っていた。

僕の人生の尺度は何なのだろう？　果たしてどうなれば幸せなのか？　どんなキャリアを目指すべきなのか？　出世が全てではないし、人が羨むキャリアを描くことが全てではない。それはわかっても、「では何なのか？」と問われると、何もない。そもそも自分自身の尺度でキャリアを描いている人はいるのだろうか……？　そのような考えが脳裏をよぎっては消えていった。

その中で、ぼんやりとはしていたけど、僕にとって大切なことが見えてきた気がする。それはお客さんの複雑な課題を解きほぐして、そしてそれを解決した時のあの感触だ。自分なりに必死に考えた上でのオリジナリティがある提案や、課題を解決した時のお客さんの喜んだ顔、そして人の役に立てたという手応え。こんな瞬間のために僕は仕事をしているんだと思う。もしそういう感触が味わえるのであれば、出世とか評価とかは二の次でもいいと思えた。僕は問題解決者として頼られる存在でありたいのだ。

今までモヤモヤしていた感情に、ようやく光が差し込んだように思えた。法務部の説明者には申し訳なかったが、僕はコンプライアンスの説明の最中、とっても脳内がエキサイトしていた。シビアなパワハラについての説明を受けている中、満面の笑顔をしていたのはそういう理由だったのだ。

○　○　○

石川さんは定刻通りにクラスに来た。

午前中と同じ服装だったが、その時は羽織っていたジャケットを脱いでいたためか、若干くだけた印象になっていた。

朝のセッションからまだ6時間程度しか経過していないが、僕にとっては先ほどのセッションが数日前のような印象だった。それぐらい首を長くして待っていたということなのだろうか。

「さて、朝は価値観の話をしましたね。ただ、あの話、ちょっと補足が必要なのかもしれないと思っています。実はヤマダさんが昼休みに相談に来てくれてね……」

石川さんはヤマダに視線を移して、発言を促した。

「はい、先ほどのセッションでの価値観を多様に持つ、ということの意味はわかりました。でも、今僕が置かれている環境からはちょっと距離がありすぎまして……」

ヤマダが静かに語り始めた。

「僕は今できていないことが多すぎるんです。正直言えば部署の厄介者。そんな時に、価値観を多様化するっていうことを考えてもあまり生産的ではないなと。とにかく今僕にとって大事なのは、一つの尺度、つまり数字を上げる、ということを実現して、組織の一員として認めてもらうことなんです。だから、多様な価値観と言われてもピンと来ないし、さらに言えばそんな僕に『キャリアプラン』とか言われても、現状から逃げているみたいで全く現実味が持てないんです」

僕は、ヤマダのようなキャラクターでも壁にぶつかって悩んでいることを聞いて、少しホッとした。やっぱりみんな悩んでいるのだ。僕らが立ち向かっているビジネスはそんなに簡単ではないし、成果が出せなかった者に居場所はない。そんな過酷な現実を僕たちは等しく目にしているのだ。

「そうですね。まずは成果を出すことが重要というのはその通り。成果を出すための仕事術を必死に身につけることは避けて通れません。たとえ、その成果を決める基準が他人によるものだったとしてもね」

石川さんはまずヤマダに同意を示した。

「人間の成長と一緒。他人の手を借りないと生きられない未熟な段階では、自分のことは自分でできるようになることが第一歩です。そのステージをどれだけ早くクリアできるか。まずはその勝負です。……ということで、今回のセッションは一旦キャリアは置いておいて、仕事術の話をしましょうか」

石川さんは会場全体を見回した。みんなも異論がないようだ。

「OK。じゃあ、みんなに最初に理解してもらいたいキーワードは、『ストック型』という言葉です。『フロー』に対して『ストック』ですね」

石川さんはホワイトボードに『ストック型』と『フロー型』という言葉を書いた。

「『フロー型』人材というのは、経験が残らずにすべて流れてしまう人のことを言います。対して、『ストック型』というのは一度の経験が確実に積み上がっていく人のことです。ヤマダさんが言ってくれたような評価軸がシンプルな段階においては、勝負のポイントはそれほど複雑ではありません。そんな時は、勝負のポイントを明確に定義して、そのポイントに合わせて経験をストックできたプレイヤーの方が評価が高まります」

どういうことだろうか。話の抽象度が高いので、わかったようなわからないような……。

「要するに経験を早く積み上げろ、ってことでしょうか？」

僕は質問を挟んだ。

「まぁそうとも言えるんだけど、そんな簡単な話でもありませんね。これから説明しますね」

先回りした僕をたしなめるように石川さんが話し始める。

「サカモトさんが言うように、経験をストックしていった方が勝ちというのはその通り。でも、実はその経験を適切にストックするためにはコツがいるんです。たとえばね、ヤマダさん」

石川さんはヤマダに改めて視線を向けた。

「今の部署で営業成績を上げるために大事なことを三つ言えと言われたら……言えますか？」

「え……。三つですか？」

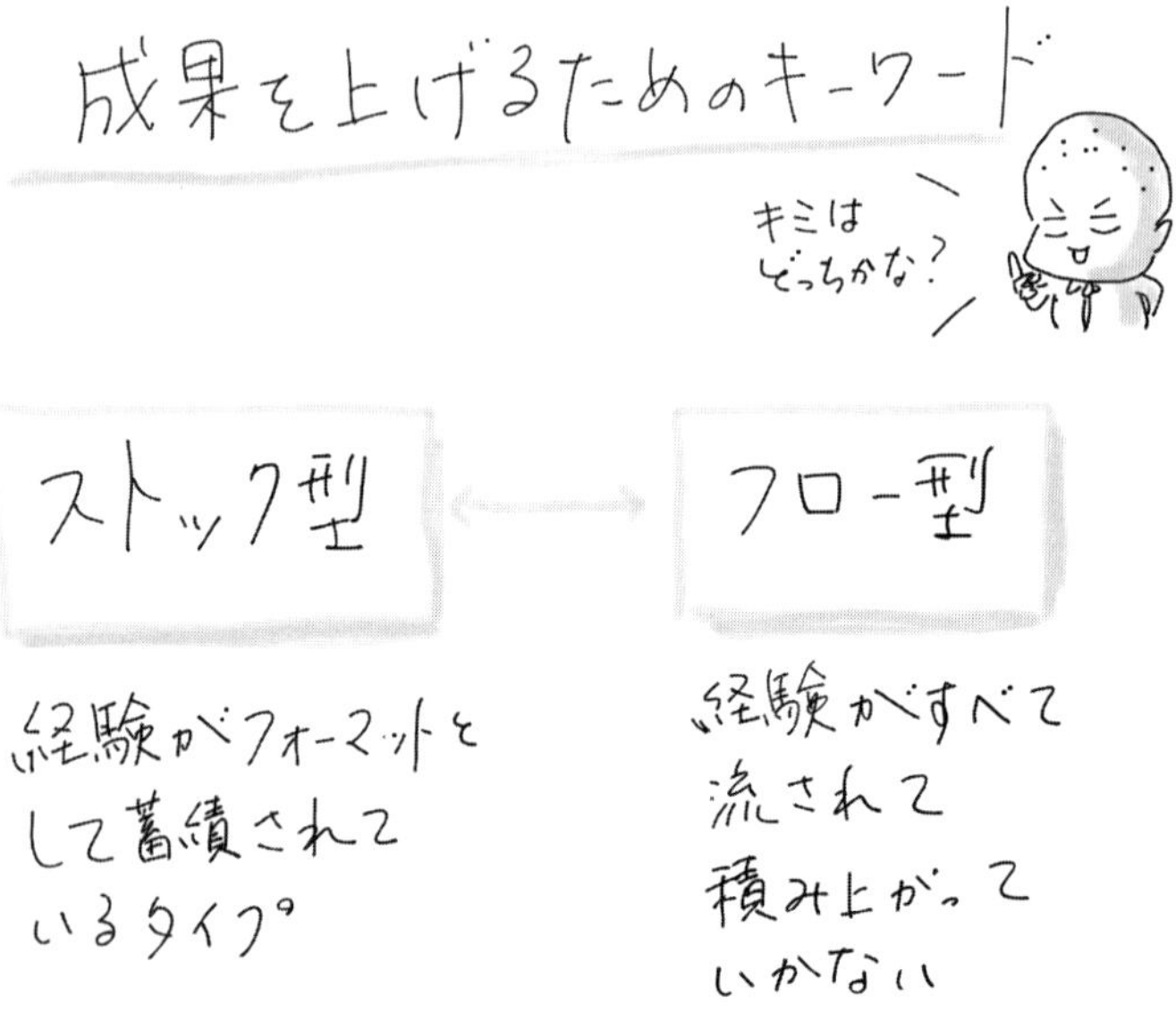
成果を上げるためのキーワード
キミはどっちかな?
ストック型
フロー型
経験がフォーマットとして蓄積されているタイプ
経験がすべて流されて積み上がっていかない

日々一生懸命頑張っていても成果に繋がっていないのだとしたら、それは「フロー型」の仕事をしているのかもしれない

石川さんは黙って頷く。

「えーっと、まずは優良な新規顧客の当たりをつけること……。それからアポイントを確実に獲得すること。そして、えーっと……」

石川さんは、ツリーの一番上段に『営業成績を上げる』と書き、その2段目に分岐する形で三つのハコを書いた。そして、左のハコから、『優良顧客の見極め』、『確実なアポイントの獲得』と記した。

「OK。じゃあ優良な新規顧客の見極めって、どうすればいいですか？」

「えーっと」

「たとえば、最近の事例で、良い新規顧客にアプローチした事例ってあります？」

「あー、それはありますよ。先日も良いスタートアップを発見して、すぐに顧客になっていただけました」

「じゃあそのスタートアップにアプローチするまでに、どんなことをしていたのかしら？」

ヤマダは考えながら、記憶をたどるように話していく。

「えっとその時はニュースがキッカケでしたね。新聞にその企業の社長インタビューが載っていて、この企業は脈ありだと思ったんです」

「なんで脈ありだと思ったの？」

「えーっと、どうだったかなぁ……。確か、今は第二の創業みたいなことを言っていたような気がします。既存の事業を活かしつつ、新たなビジネスを立ち上げると。スタートアップが既存事業に加えて新規事業に取り組む場合って、意外にうちのサービスはフィットするんですよ」

石川さんは、3段目に『新規事業を始めたスタートアップ』と書いた。

「そうなんですね。なるほど。でも、同じようなスタートアップの新規事業へのアプローチで当たってみて、外した経験ってある？」

「はい、言われてみれば確かにあります。なんで外したんだろう……。ああ、あの時は僕らが事業に対する土地勘が全くなくて、会話が噛み合いませんでした。やっぱり理解できる事業であることは必要です」

「なるほど」

石川さんは『新規事業を始めたスタートアップ』の横に『土地勘のある事業への展開』というコメントを加えた。

「さて、まだ完全じゃないけど、これがヤマダさんが成果を出すための一つのフォーマットね。どう、ヤマダさん？」

「あ、はい……。『優良顧客の見極め』については、もっと丁寧に言語化した方が良さそうですね。でも、なんと言うか、これで仕事がすぐできそうな気がします」

単純が取り柄のヤマダは、とても晴れ晴れとした表情をしている。

「そうそう。言葉にすると、どこがイマイチかも一目瞭然になりますね。そうしたら、そこに

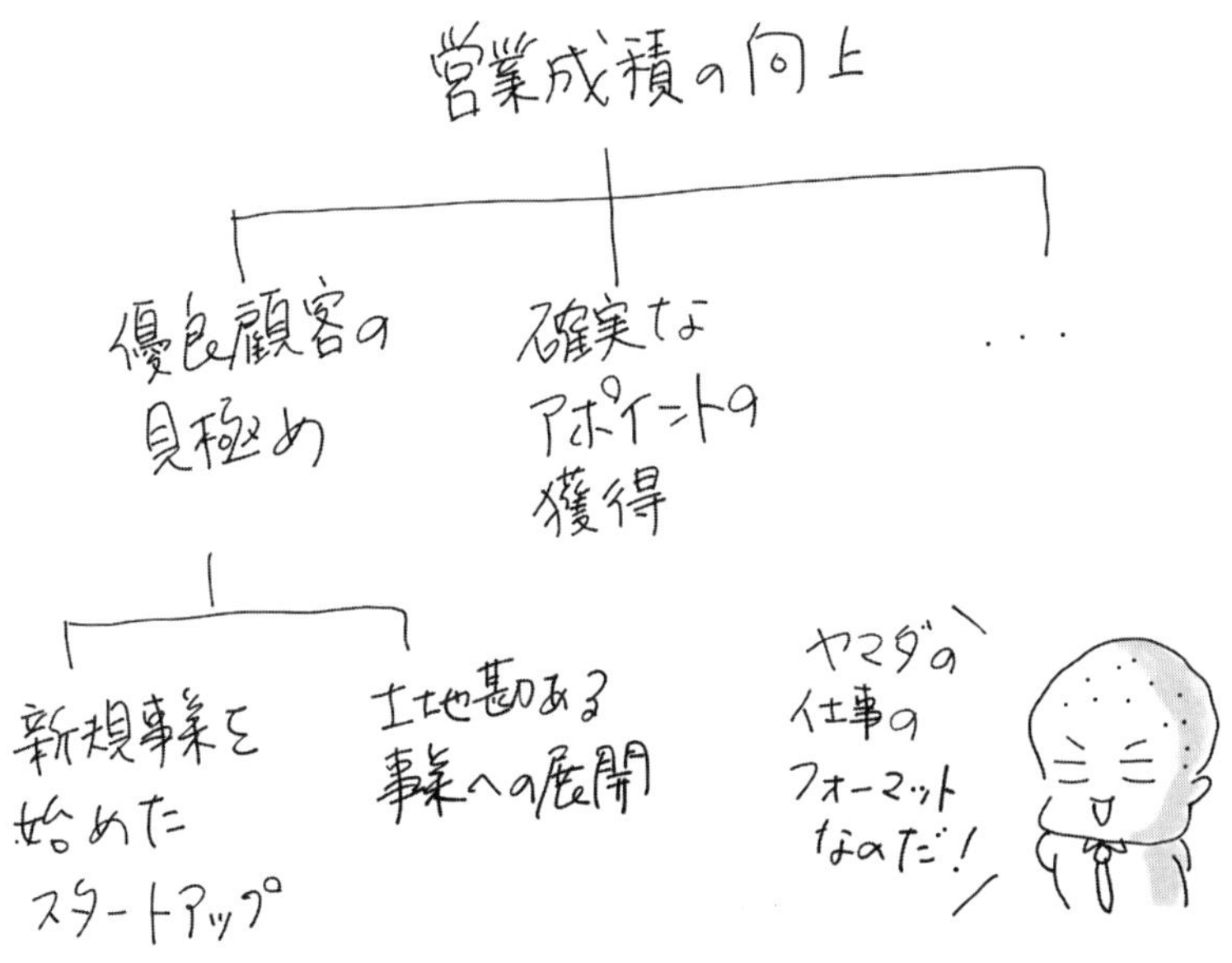

仕事の成果を高めるために、勝負のポイントを整理して「フォーマット化」してみる

フォーカスをして先輩に話を聞いてみるとか、やり方は考えられるわね」

この図を見ながら、僕も石川さんにこの図を作って欲しいと思ったが、こういうところで人を頼ってはいけないのだ、と思い直した。

「さて、繰り返すけど、一番最上段が出すべき成果、2段目が勝負のポイント、そして3段目がそのために必要な要素。これら全ての要素は最上段の『営業成績の向上』に向いていることはわかりますよね？　尺度が単一であれば、それを逆手に取って、こうやってフォーマット化しちゃえばいい。一つひとつの経験を無駄にせず、フォーマットに落とし込む。後はこのフォーマットに沿って行動していくだけ。これこそが、『ストック型』人材の作法なんです」

確かに経験を振り返れ、とか、学びを言語化しろ、といったことはしょっちゅう言われる。しかし、ここまで目的に焦点を当てた形で整理をしたことはない。

「どう？　改めて聞くけど、皆さんは『ストック型』人材ですか？」

当然ながら、みんな下を向く。ここでイエスと言い切れるハートの強さはない。

「多分、皆さん忙しいから、新しい案件が常に目の前に提示されているはずですね。メール打たなきゃいけないとか、資料作らなくちゃとかね。だから、終わった経験を一つひとつ丁寧に振り返っている暇なんてない。そうして時を経ると、大量の『フロー型』人材、つまり経験が蓄積されていない人が生み出されていくんです」

石川さんはホワイトボードに向き直り、『フロー型』を丸で囲む。

「でもね、皆さんが『フロー型』人材でいる限りにおいては、この他人が定めた単一的価値観のレースからは永遠に逃れられない。だって、そうでしょ？　ヤマダさんが今感じている通り、ちゃんと数字を出せない奴が『多様な価値観』とか言っても、まともに受け止めてもらえないんですから」

　ヤマダは大きく頷く。

「だからこそ、一旦立ち止まって、今のルールをクリアするための経験をちゃんと『ストック』しておく必要がある。ヤマダさん、ここまで大丈夫？」

　ヤマダは目でＯＫの合図を返す。

「じゃあ、もう一度私が伝えたポイントをわかりやすく言ってみて」

　石川さんはいたずらっぽく笑いながらヤマダに促した。

「え？　ポイントですか？　えーっと、経験をちゃんと蓄積しようってことですよね……」

　ヤマダは虚をつかれたのか、しどろもどろだ。

「ははは。ほとんどフローになっちゃったわね。いいわ、復習も兼ねて、ポイントをもう一回整理しておくわ」

　石川さんはいつの間にかイラストが描き込まれたホワイトボードを見ながら、説明を始める。

「まず最初に、今の自分にとって出すべき成果を最上位に明記すること。ヤマダさんの場合は、営業成績を上げることですね。そして、そのために必要な項目、つまり勝負のポイントの三つから最大五つくらいまでを要素分解するの。この要素分解がどれだけ精度の良い形でできるかが、このストック化のポイントです。いきなりうまくはできないから、先輩とかにもアドバイスを受けたり、先輩の所作を観察することなどが重要。最終的には、『この仕事で成果を出すためにはこの三つを押さえれば大丈夫！』って言い切れる状態まで磨き上げること」

石川さんはヤマダの理解度を確認しながら話す。

「そして、今度はその要素分解した項目をさらに要素分解していく。この繰り返しですね。あんまり細かくしても、分解が目的になっちゃうので、3段目くらい要素分解すればまずは十分。ヤマダさんとやったみたいにね。でも、この3段階の要素分解を、経験を踏まえて徹底的に言語化できたら、多分その仕事では無敵。仕事のクオリティは一気に高まると思います」

ヤマダは必死にメモを取る。

その話はとても理解しやすかったし、僕でもできるような気がしてきた。

「繰り返すけど、このフェーズがゴールではありません。これはあくまでも自立するための最低限の基本動作。これくらいのことができると成果も出始めるので、『私はすごい』と勘違いしちゃう人もいるけど、これがスタートラインですからね。間違えちゃダメです」

「ちなみにね、この『要素分解』というスキルは、本来は皆さんくらいの年次で確実にマスターするべきものです。仕事ができない人の典型的なパターンは、分解がうまくできていないことにあるんです」

　仕事ができない人、という言葉にヤマダがビクッと反応した。

「たとえば……、そうね。みんながとあるイベントを任されたとしましょうか。著名人をゲストにしながらお客さんを集客するイベントですね。既にイベントのテーマは決まっているとしましょう。さて、イベントのリーダーという初めてのチャレンジ。みんなどうする？　何から考えましょうか？」

　唐突な問いに、みんな必死に頭を回転させる。

「やっぱり誰をゲストに呼ぶか、からですかねぇ。一番重要ですし、真っ先にスケジュールを確保しないと」

　カザマが答える。

「いや、それも大事ですが、会場を確保することが最初だと思います。会場が押さえられないと話になりませんから」

　僕も発言した。

「それもそうなんですが、まずはスケジュールの確定じゃないっすか？　会場を押さえるにも、ゲストを確保するにも、こちら側がスケジュールを決めなければ始まらないわけで……」

　続いてヤマダが意見を挟む。

「はいはい、これはよくあるパターンね。この状態が、まさに『分解できていない』という状態なわけ。わかります？　思いついたものをバラバラ挙げて、そしていきなり動いちゃう。その瞬間は仕事をやっている気になるんだけど、後からボロボロと抜け漏れに気づくんです」

あぁ確かに。考えている時よりも動いている時の方が『仕事をしている感』があって、どうしてもそちらを優先してしまう。

「じゃあ、この状況で、『要素分解』をするというのはどういうことなのでしょう？」

……誰も手を挙げない。確かにそう言われてみると、何をしたら良いのかよくわからない。

「あら、誰も思いつく人はいない？　さっきのヤマダさんとのやり取りを思い出してみて。あそこにヒントはあるはずよ」

「あ……、つまり……まずそのイベントで何を求めるのかという成果を定義してから、その成果を要素分解するってことでしょうか？」

ミズノが発言した。

「そう、その通り！　といっても、ちょっと難しかったかもしれないので、ミズノさん、もう少し丁寧に補足してもらってもいいかしら？」

「あ、はい。つまり……まず考えなきゃいけないのは、イベントの成果です。イベント開催の目的と言い換えてもいいかもしれません。たとえば、新規リードの獲得なのか、知名度の向上なのか、いろいろ目的の可能性がある中で、このイベントの目的を明確に定義する必要があります」

「そうね」

石川さんが相槌を打つ。

「じゃあ、たとえばイベントの目的を、20件の新規リードを獲得することとした場合、それを実現するための押さえるべきポイントを考えなくてはならないと思います。たとえば、感覚論ではありますが……」

ミズノは上を見て考えながら再び話し始めた。

「20件の新規リードのためには、ざっと200社くらいの集客、100社からのアンケートを通じたメールアドレス取得、そして40社との会場での名刺交換と対話くらいが必要だと思います。まずは、このレベルで分解できていればいいような気がします」

教室内から「おー」という声とともに拍手が響いた。

「さすがね、ミズノさん。数字はさておき、考え方はまさにその通りよ。いきなりやることから考えるのではなくて、『達成すべき成果』という最上位概念から分解していくことが大事なの」

ミズノのお陰で、ようやく僕は『分解』ということの意義がわかってきた。

「すごいわ。ちなみに、ミズノさんは、このやり方をどう身につけたの？」

「実は先輩にかなり指導を受けまして。最初、先輩から『仕事の全体像を把握して』とだけ言われて、具体的なアクションをバラバラと挙げていったんです。でも、全部出し終えたと思っても、先輩からは抜け漏れを指摘され続けて……。その時に、具体的なアクションを挙げても全体像を網羅できないことに気づきました」

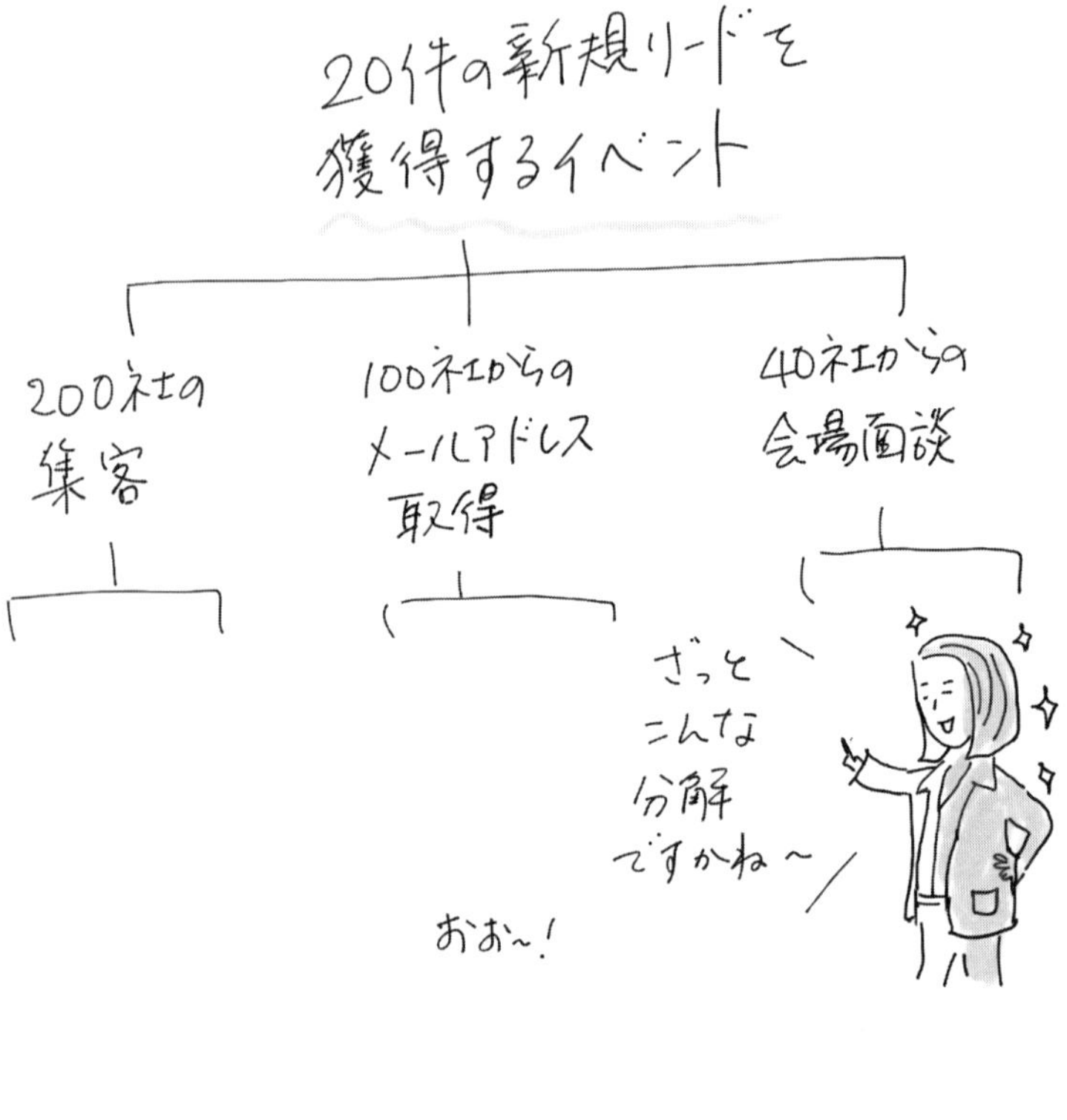

具体的なアクションから考えるのではなく、目指す成果から分解する

なるほど。確かにその状態には僕も気づかずに陥っていることがある。

「そのタイミングで先輩から教えてもらったポイントは、『抽象的なレベルで全体像を網羅する』ということです。つまり、石川さんも言った通り、まずは三つから五つの塊で全体を表現するんです。そこに最大限知恵を使います。それさえできれば、あとはその抽象的な塊をある程度ざっくり具体化していけばいいのでとても楽です」

「すごい。だいぶ勘所をマスターしていますね。その通りです。繰り返すけど、一番難しくて大事なのは、2段目の分解なんですね。だから、裏を返せば、ここをマスターできれば、一気に『仕事ができる人』に大きく近づくことができるんです」

ミズノは大きく頷きながら、

「確かに、私はこのコツを摑んでから、一気に仕事が楽しくなった気がします」

と語った。

ミズノはキラキラしていた。しかし、あまりにも自分とのギャップが大きくて、嫉妬心すら起きなかった。

「ミズノさんの話を踏まえつつ、『おおきなかぶ』の話をしようかしら。みんなあの寓話、知ってますか？　みんなで蕪を引き抜こうとする話」

「あ……、『うんとこしょ、どっこいしょ』というやつですね」

僕はおじいさんからネズミまで揃って蕪を引き抜くシーンを懐かしく思い出し、反射的にあの掛け声が口をついていた。

「そうそう、それそれ。あの話はあれで楽しいからいいんですけどね。もしあれが仕事だったら要注意ですね。あのストーリーには、『フロー型』人材がよくやってしまいがちなことが描かれているのですから」

フロー型……？　どういうことだろう？

「それはね。まずはとにかく目の前のことに対して、力技で対処しようとしていること。本来は、手強そうな蕪を目の前にしたら、『この大きな蕪を引き抜く』という成果を上げるために、必要な要素の塊をちゃんと分解して考えるべきですよね。たとえば、『蕪のどこを引っ張るか』『引っ張る際に体重はどこにかけるか』『どっちの方向に引っ張るか』といったあたりにおそらく勝負のポイントがあるはず。まずその辺の分解はしておきたいですね。でも、このストーリーでは、その考察なくしてみんなで全力突進……。最後は抜けたから良いものの、この手の仕事に駆り出される人はなかなかしんどいですね」

ああ、確かに。期末近くになって営業の数字が出ないことに焦った部長に、とりあえず外を回ってこい！と言われてひたすら駆けずり回った仕事の不毛さを思い出していた。やはり、リーダーはあんなギリギリの場面でも、数字を達成するための勝負のポイントを押さえた上で指示を出すべきなのだ。

「そして何より大事なのは、引き抜いた後のこと。まぁこの寓話そのものは引き抜いてちゃんちゃん、だから実際はわからないんですけどね。これ、よくありがちなのが、『抜けて良かった！』で終わっちゃうパターン。こんな大きな蕪を引っこ抜いた経験が、ストックとして積み重なっていかないの。このお爺さんは農家なんだから、この経験を次に繋げるようにフォーマット化しておかないとダメですよね。たとえば、先ほどの分解に従うならば、『蕪を引っ張る場所』『体重のかけ方』『引っ張る方向』といったことは、今回の経験に基づいて残しておきたいですね」

でもそんなフォーマット化しているような寓話があったら読みたくないと思って一人で笑ってしまった。

「大きな蕪を抜いたってことは純粋に快感でしょう。そしてこの大きな蕪を抜いた後に、また普通の蕪が目の前にたくさん広がっている場面を想像してください。そうすると、『あぁ大きな蕪が抜けたぞ。さて次の蕪抜くか！』ってなっちゃうのね……」

その気持ちは痛いほどわかる。

「さて、今回のセッションのまとめとして、最後に大事な『成長の公式』をみんなに伝えます」

石川さんは再びホワイトボードに向かい、何かを書き始める。そこには大きな字で、

『成長＝経験数×ストック率』

と書かれていた。

ドーン!
よっしゃ!
学びを
フォーマット化
するぞ!

「私たちが成長するためには、経験の数は大事。でも、穴の開いたバケツのような人にとっては、どれだけ経験しても成長に繋がらないんです。バケツの穴を塞ぐ、つまりストック率を高めないと、経験に比例した成長はできないんですね」

石川さんは話を区切って、ヤマダに目を向けた。

このセッションは、元々はヤマダの悩み相談から始まったものだった。

「ということで、今回のセッションは、仕事術の話でした。でも、この考え方も実はキャリアを考える上で必須のスキルになるのはわかりますよね？　だからこそ、まずこの『ストック』という考え方をマスターしてくださいね」

ヤマダは石川さんに目を合わせながら、深く頷いた。僕も、その後ろで深く頷いていた。今回もまた大きなギフトをもらった気がした。

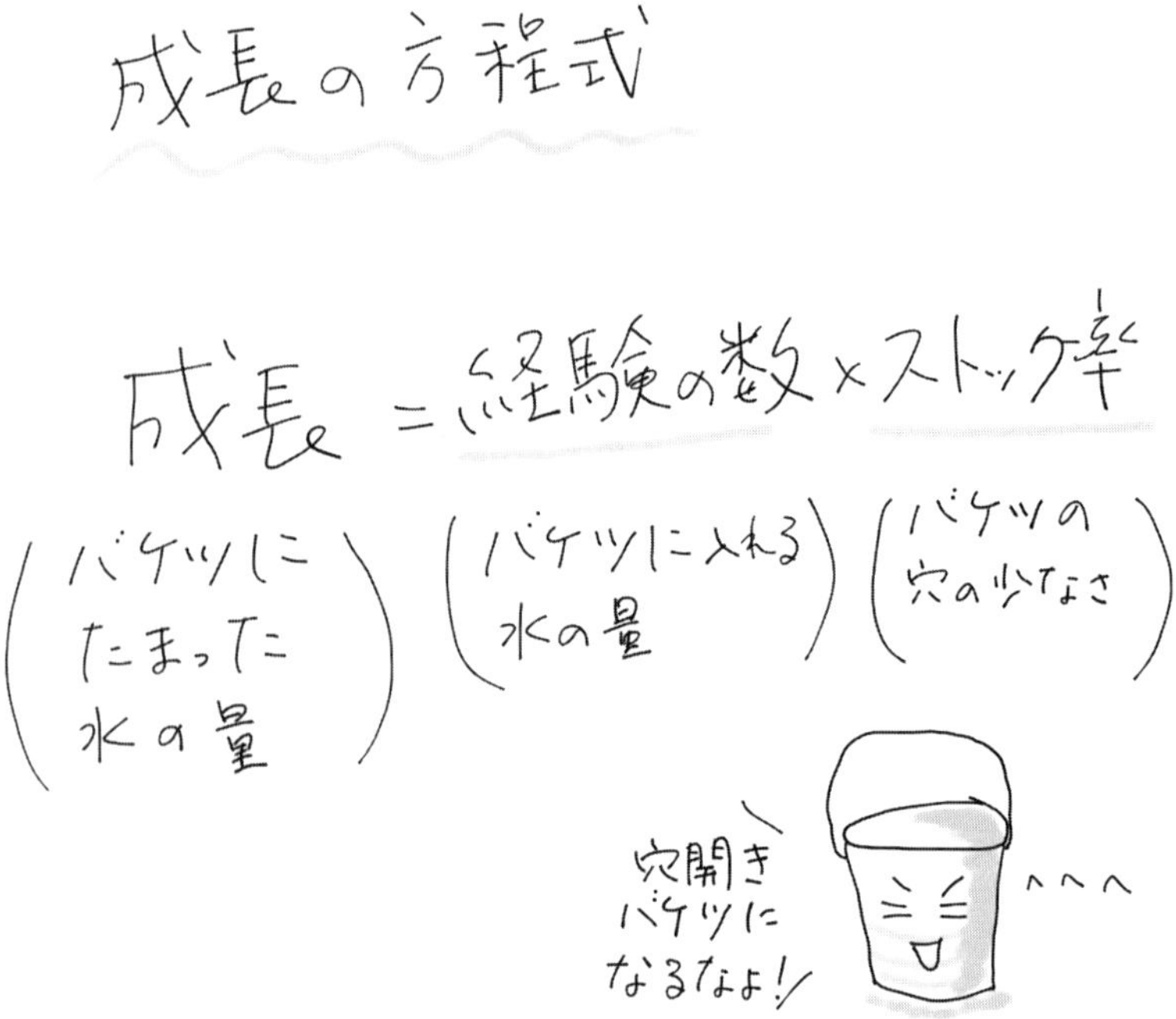

バケツの穴を塞いで、確実な成長を目指そう！

4

「ストック型人材」と『おおきなかぶ』

○出すべき成果を見定めて、そのための勝負のポイントを三つ〜五つくらいに分解すること

○いきなり具体的な打ち手にいくと、大抵抜け漏れが出る。抽象的なレベルでの分解を意識する

○人の成長は、経験の数とストック率に依存する。一つひとつの経験が成長に繋がるように、丁寧に振り返ることが大切だ

さて、今日の学びは何だったのだろう？　記憶から流れ出していかないように、しっかり振り返るクセをつけなくては！

Session 11

ティファニーちゃんが問いかける あなたにしか見えない未来

とうとう3年目研修も最終日の朝となった。

朝から研修を受けて夜は飲み会という密度の濃い時間を過ごしたお陰で、僕も含めてみんな疲労感が漂っていた。

昨日も何だかんだ言って、2時過ぎまで飲んでいた。初日の夜はそれぞれ今の部署での愚痴などもあったが、昨日の夜はそれとは違って、将来どうしたいか、という前向きな話が多かった。みんな『野党思考』から脱却して、一人称で語る必要性を理解したのだろう。それだけ石川さんの影響を受けていたということだ。

そして、僕自身のキャリアも、「抽象的で捉えどころのない悩み」から「具体的に解くべき課題」となってきた。いかにして問題解決者として頼られる存在になるか——。ここを一つの大きな目標として、それを分解してフォーマット化していくのだ。僕は昨日授かった『分解』というギフトを手に、どこまで具体化できるかチャレンジしてみたくてウズウズしていた。

それと同時に、今日、この最終日ではまたどんな「ギフト」を手に入れられるのか、ということの期待を高めていた。

○　○　○

「皆さん、おはようございます」

石川さんの挨拶は、いつも通り会場にちょっとした緊張感をもたらす。この挨拶を聞くのも今日で最後だと思うと名残惜しい。

「今日は最終日。皆さんお疲れの様子かな、と思ったんですが……どうも元気そうですね」

石川さんは笑みを見せる。

確かに僕も含めて寝不足のはずなのだが、みんな元気だ。それぞれこの研修に持ち込んできた悩みや課題が少しずつクリアになってきている手応えがあるのだろう。

「さて、ここまでの2日間、私は皆さんに、自分の価値観を持ってキャリアを切り拓いていくことを伝えてきました。今日は最終日ということもあり、もう少しキャリアプランについての具体的な話をしていきたいと思います。昨日の人事制度説明のパートでもあったと思いますが、3年目からは社内公募制度の対象にもなります。だからこそ、それまでには自分なりの『キャリア観』のようなものを身につけておく必要があります」

社内公募制度、というキーワードが出てきて、ヤマダがこっちを向いてきた。実は昨日の夜の飲み会で、社内公募制度が話題に上がったのだった。人事部からの制度の説明はあったが、結局のところ3年目が応募してもダメなんじゃないかとか、溜まった不満のガス抜きに過ぎないいんじゃないかといった否定的な意見も出て、僕たちにとっての印象はあまり良くなかった。

「まさに昨日の夜、その公募制の話で盛り上がったんですよ。3年目でチャレンジしても成約になった人がいないとか。だからあんまり3年目では意味がないんじゃないかなと話していました」

ヤマダは昨夜の余韻が残っているのか、言いにくい話を一気に石川さんにぶつけた。

「あら、そんな話していたんですね？　まぁ結果的にそうなっちゃっていることは事実。でも3年目だからダメってことはないから安心してください」

ヤマダはあまり納得していない表情だ。

「なんで3年目から対象にしているかというと、これをキッカケに自分のキャリアのことを真剣に考えるでしょう？　自分のキャリアは自分でしっかり考えなさい、っていう抽象的なお説教をされるより、目の前にキャリアの選択肢を具体的に出された方が絶対に真剣に考える。だから、結果的にキャリア転換ができるかどうか、ということより、そのタイミングからしっかり考えて欲しい、っていうメッセージと受け取っていただければと思います」

「まぁ、そういうことでもあると思いますが……」

ヤマダはまだ不満そうだったが、反論するにも言葉が見つからないようだった。

「でもね、実際問題、3年目でキャリアを考えろって、結構難しい問いなんですよね。ぶっちゃけ、皆さん何かやりたいことってありますか？」

急に石川さんはクラス全体に問いかけた。石川さんからの問いかけはいつも唐突だが、このような唐突で本質的な問いは答えにくい。

……。

予想通り、誰もリアクションをしない。というか、次の石川さんのアクションを待っている。

「なかなか難しい問いですよね。私も皆さんと同じ年代では答えられなかった。当時の私が持っていた唯一の答えは、『誰よりも早くチームリーダーになりたい』ということでした。昨日も話した通り、私にとっては出世というのが唯一の拠りどころだったから」

チームリーダーか……。確かに、と思った。僕も何がやりたい、ということはないが、部下を持ったポジションにつきたい、という気持ちはある。

「でもね、その時に私の上司から問われたんです。『石川にとってリーダーとは何か？』って。こういう唐突で抽象的な質問、困りません？」

確かに困る。僕らもいつも石川さんに困らされている、と思ってちょっと笑ってしまった。

「その時、私は『リーダーとは予算権限を与えられて、部下を持ちながら目標を遂行していく人』ってくらいしか答えられませんでした。皆さんはどう？　皆さんにとってリーダーって何ですか？」

しばらく沈黙があってから、徐々に発言が出てきた。

「人事権がある人」

「ビジョンがある人」

「巻き込む力がある人」

みんなからはリーダーの断片的な定義が自信がなさそうに語られる。

最後に僕が発言した。

「フォローワーがいる人……でしょうか？」

僕はどこかの本で読んだ記憶があるフレーズを語ってみた。

「それ、どういうこと？」

「あ、いや、フォローしてくれる人がいて、初めてリーダーかな、と」

「なるほどね。でも、サカモトさん、その意味がわかって語ってないでしょ」

石川さんは笑ってズバッと突っ込んできた。僕の発言の薄っぺらさは見抜かれていた。

「でも良い言葉ですね。じゃあ、今フォローワーって言ってくれたけど、サカモトさんはどんな人についていきたいですか？　人事権がある人？　それとも決裁権限がある人？」

「いや、そんなのじゃないですね。やっぱり覚悟みたいなものがある人についていきたいです」

「覚悟ね……。その言葉の意味、もう少し説明できますか？」

「なんか上から言われてやらされている、ということではなくて、自分で考え抜いて、その先の未来を信じ切っているというか」

「うん、なるほど。先の未来を信じ切っているって、いい表現ですね」

「考え抜いたからこそ、人が見えない未来まで見えているんだと思います」

僕はさらに言葉を繋げた。

「なるほどね。見えてない未来が見えている。だから、その人が見ている未来を自分も見てみたい。やがて、その先頭に立ち未来を見据えて歩いている人が『リーダー』と呼ばれるようになる。そんなところでしょうか」

そういうことか。自分で語った話だが、それこそが理想のリーダーとフォローワーの関係性だと思った。

「私の考えも、今のサカモトさんの発言と同じ。つまり、リーダーとは肩書きとか権限ではないんです。仕事との向き合い方の問題ってこと。だから、肩書きが○○リーダーだからといって、リーダーとは言えない人もいれば、新入社員であってもリーダーの人もいます」

ってことは、3年目の僕たちも……。

「そしてね、当時の私の上司だった松山社長が、今私がみんなに言ったことと同じことを語ってくれて、私にこう問い返してきたんです」

「『石川さんはリーダーですか?』『あなただけにしか見えない未来がありますか?』って」

石川さんはしばらく間を置いた。

「私は首を横に振るしかなかった。松山さんが私にくれたメッセージは、『やがてチームリーダーになりたい』っていうようなちっぽけな肩書きベースで語るんじゃなくて、『今、この瞬間からリーダーとして生きなさい』ってことだったんです」

この瞬間から、か。まず与えられた仕事に対する成果を出すのに精一杯な僕は、どうしたら『リーダー』になれるんだろうか。

「その言葉を受け取ったものの、正直当時の私には重すぎました。まだ職場の足を引っ張らない

あなただけにしか
見えない
未来は
ありますか?

ように頑張っている中で、どうしたら『リーダー』になれるのかピンとこなかった。でもね、不思議と『あなただけにしか見えない未来があるか？』という言葉だけは残っていたんですね。だから、ことあるごとにその問いかけについて考えていました」

当時の石川さんの気持ちは今の僕にも痛いほどわかる。

「そして、私にその言葉の意味がわかったのは、皮肉なことにリーダーという肩書きを外されてからだった。出世争いの競争から外されたことはこの前話したと思うんだけど、ようやく先のことを考える時間ができたんですね。この会社において、私みたいな視野の狭いリーダーを作らないためには、どんな会社であるべきなんだろう？　どんな制度が理想なんだろう？　って考えた。考えに考え抜いた結果として、私にはある理想形が見えたの。自分で考えながら、『あ、こういう会社で働きたい』って心の底から思った。だからそのような会社にするために、私にできることはないかと。その瞬間、私は『リーダー』になったのだと思う。松山さんは私のその考えを理解してくれて、人事部へと異動させてくれたんです」

そういうキャリア展開だったのか……。

「『リーダー』になるために、年次の早い遅いはありません。この3年目の時点で『リーダー』になることだって決して珍しいことじゃない。それこそ世の中を見れば、20代で起業している人だっているわけだし、私のように40過ぎてようやくリーダーになれた人もいる。人それぞれ。だから、同期の間の狭い人間関係の中で変に焦らずに、前を向いて考え続けることが大切なんです」

「ちなみにね、若かりし私が当時の松山さんからメッセージをもらった時、一緒に1冊の本を渡されたんです。その本がこれね」

石川さんは1冊のかなり擦り切れた本をみんなに見せた。タイトルは『リーダーシップの旅』と書かれていた。

「この本は、人がリーダーとして成長するためのプロセスが素敵な表現とともに描かれています。だからみんなにも是非読んで欲しい。そして私が特に印象に残っている一節を紹介しますね」

石川さんは付箋のついたページをめくる。

「頭」と「心」を一致させること、旅に出ることが大事だと考え、頭の中でできると信じ、心の中でもどうしてもやりたいと感じること。そういう「吹っ切れ」がなければ、リーダーシップの旅は始められない

石川さんは本の一節を読み上げながら、ホワイトボードに、『頭』と『心』という言葉を書き残した。

「この一節は私の体験とも符合することなんです。最初は必死に『頭』で考える。『頭』で考えていくうちに、ある未来の答えにたどり着く。そうすると、不思議と『心』がその未来を

実現したいって言い始めるんです。『頭』で考えている間は、これからのキャリアだとか他人の視点だとかいろいろ打算的なこともチラつくんだけど、『心』が訴えかけ始めるともはやどうでもよくなる。後からどうにでもなるさって。そうした心境が、この本で言うところの『吹っ切れた』状態。こうなったら、ある意味無敵ですね」

そう語る石川さんの姿は、とても格好良いと思った。

振り返れば、少し前まで、転職したいとか評価されないとか考えていたことがちっぽけなことに思えてきた。結局のところ、僕は考える総量が足りないのだ。こんな状態で何かを決めようとしても、良い決断なんてできっこない。

「……でも、石川さんも40代に入るまで、その域に達することができなかったんですよね。さらに言えば、僕の部署でも、そんなように『吹っ切れた』人にはあまりお目にかかれません。どうしたら良いのでしょうか？」

カザマからの質問だ。僕も聞いてみたいポイントだったが、『自分で考えなさい』と言われそうな気がして、気が引けていた。

「カザマさん、あなたは本当に『リーダー』になりたいと思いますか？」

「は、はい」

「じゃあ、今すぐスケジュールを開いて」

「頭」と「心」が一致した時に、人は「吹っ切れた」無敵の状態になる

「え？」

「早く。スマホ開けばスケジューラーのアプリあるでしょ？」

カザマは慌ててポケットからスマホを取り出した。

「で、そのスケジュールの中に、自分一人で考える時間を毎週1回1時間でいいからブロックして。できれば早朝がいい」

「あ……、はい」

「いつに入れたんですか？」

「毎週水曜日の朝7時から8時です」

「いいわ。これがさっきの質問に対する答え。結局こういう抽象的な願望は、具体的なスケジュールに落とし込まないと、永遠に願望のままで終わるんです。そして、この時間は、仕事の時間にしないこと。メールも見ないし、SNSの通知もオフ。スマホは遠ざける。そして、徹底的にどういう未来にしたいかを考えるのです。自分がそこにどう関与していきたいのかもね。最初は摑みどころがないようにも感じるけど、繰り返し考えていくうちに、何度も頭に浮かんでくるこだわりたいキーワードが出てくるはず。そのキーワードを中心に据えて、言葉を具体的に考えていくんです」

これは、以前新人の時に『桃太郎』の寓話を通じて聞かされた、『世界観』という話に通じていくのだろうと思った。

「いずれにしても、こういうことは時間の確保が全てですから。私はその時間を何だかんだ理屈をつけてサボってきたから、40歳になってしまったわけ。決して褒められたものではありません」

石川さんは苦笑いを見せる。

しかし「スケジュールを変える」か――。石川さんのアドバイスは予想以上に具体的だった。

「はい、それじゃ、カザマさんだけじゃなくてみんなもスケジュール開きましょうね。今のアドバイスに共感できたのであれば、それをいつにするか考えて、今すぐスケジューラーに入力しましょう」

僕は自分の予定とにらめっこしながら、最終的に月曜日の朝一に入れることにした。

「それから、さっき『自分が見たい未来は何か?』みたいな問いを提示しましたが、この手の抽象的な問いに慣れることってとても大事なこと。『売上を上げるためにどうすべきか?』とか、『上司に何を伝えるべきか?』といった具体的な問いが、日常では頭の中を支配しているはずです。でも、具体的な問いって、せいぜいこの先3ヶ月くらいには答えが出るような話ばかりなの。決して未来を考えることには繋がらない」

確かにその通りだ。僕は抽象的な問いを投げかけられるとすぐに頭の回転がストップしてしまう。

「私たちがなりたい『リーダー』になるためには、もっと時間軸が長くて抽象度の高い問いに向き合う必要があるんです。たとえば『この会社は何のために存在しているのか?』とか、『私は

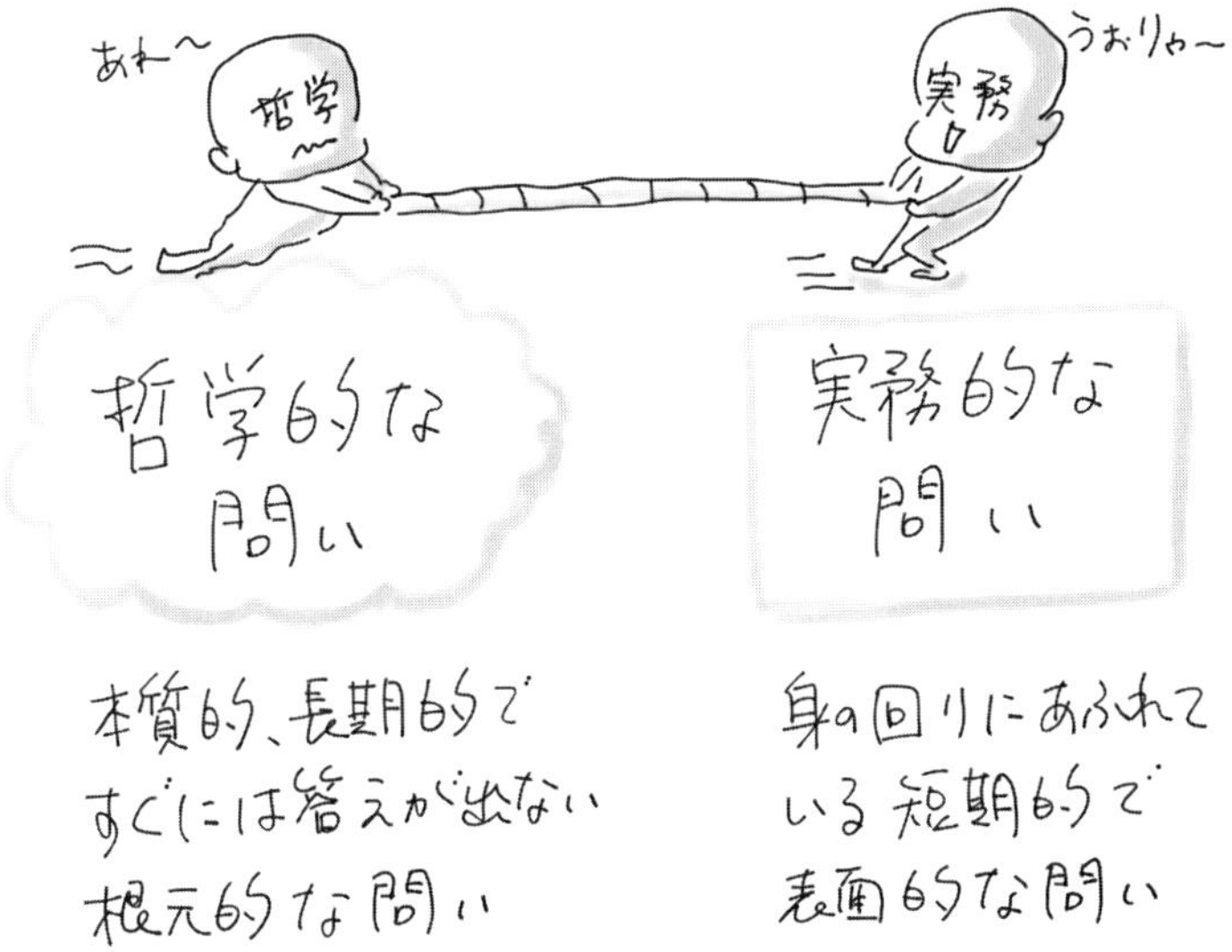

いつも「哲学的な問い」は「実務的な問い」に負けてしまう

何のために生きているのか？』とかね。私はこういう抽象的な問いを『哲学的な問い』と呼んで、日常的な『実務的な問い』と切り分けています」

石川さんはそう言いながら、またそのキーワードをホワイトボードに書き込んだ。

「こういう『哲学的な問い』って、忙しい職場モードでは考えられないでしょ？　『実務的な問い』の圧力に負けてしまう。だから、別に時間を取って、情報をシャットダウンして向き合うわけ。繰り返すけど、『リーダー』と『哲学的な問い』はセットだから、それは忘れないでくださいね」

石川さんは「ふぅっ」と一息ついてみんなを見つめた。

「さて、みんな『すてきな三にんぐみ』という絵本、知ってますか？　こんな絵本なんだけど」

タイトルを聞いてもピンとこなかったが、青と黒の絵本の表紙を見せられて、どこか記憶にあるような気がした。

「この話はね、三人組の泥棒の話なんです。当初は目的もなく金銀財宝を奪っていたんだけど、ある日馬車を襲ったら、女の子しかいなかったのね。仕方なくその女の子をアジトに連れて帰るんだけど、そのティファニーちゃんという名前の女の子が、翌朝三人組に問いかけるの。『そのお宝、どうするの？　何に使うの？』って」

石川さんは絵本をパラパラ開きながら話し続ける。

「その問いかけにハッとした三人組は、このお宝を何に使うかを考え始めるんです。で、考えた結果、彼らには一つの未来が見えたんです。みなしごたちが集まって仲良く暮らしている国の姿を。そこから三人組は国作りに奔走して、豊かな国を作っていく、という話なんですね」

表紙は見たことがあったけど、そのストーリーは初耳だった。

「この話は、私のキャリアと被るんです――。わかりますか？　私がキャリアの最初の段階でガムシャラに数字を追いかけた時代は、三人組が単なる泥棒として目的なく追い剝ぎをしていた頃と同じ。そして、哲学的な問いに出会うんです。『石川さんはリーダーですか？　どんな未来を見たいんですか？』ってね。私はこの三人組と違って、そこから答えを出すのに長い時間が掛かったんだけど、やがては人には見えない世界が見えるようになったという点では同じ。そして、今や私はこの三人組と同じように、国作りに励んでいるってわけなんです」

なるほど……。そう考えれば、この絵本と同じと言えなくもない。

「私は、この絵本に影響をうけて、キャリアのいずれかのタイミングで問いかけられる哲学的な問いを『ティファニーちゃんの問い』とも呼んでいます」

石川さんは微笑む。

「私にとっての『ティファニーちゃんの問い』は、松山さんからの問いだった。この問いに向き合ったからこそ今があると私は思っています」

石川さんは遠くを見ながら、一言ひとことをゆっくり嚙み締めるように語る。僕にも『ティ

ティファニーちゃんの問い

「哲学的な問い」に真剣に向き合うことで、あなただけの未来が見える

ファニーちゃんの問い』という言葉が染み渡っていた。

「みんな、この段階で、いろいろ焦りとかあると思うけど、心配しないで。それよりも、腰を据えて、哲学的な問いに向き合っていれば、やがて未来が見えてくる。それを信じて、歩き続けていきましょう。人生は長いマラソンなんだから」


石川さんは言葉を切って時計を見た。

気づけばもう時間だった。

「では私との時間は残り一コマですね。また夕方に会うことを楽しみにしています」

そう言い残して石川さんは立ち去った。

僕はこの毎週スケジュールされた『問い』という具体的な行為が、一つの拠りどころになっていくのを感じた。僕もいつか『リーダー』になりたい。いや、今から『リーダー』になるんだ。気持ちが静かに高まっていた。

3年目研修　石川さんセッション

5

あなただけにしか見えない未来と『すてきな三にんぐみ』

○リーダーとは肩書きではなく、「自分だけしか見えていない未来」に向けて歩き始めている人のこと
○自分だけの未来を見るためには、スケジュールを変えなくてはならない
○リーダーは、本質的、長期的で答えの出にくい「哲学的な問い」に向き合わなくてはならない

僕はリーダーになりたい。そのためには、もっとたくさん考え抜くことが大事なんだ！　文句を言っている暇はない！

Session

12

君は
レンガの先に
何を見るのか？

そろそろ4時になる。今日は天気がよく、研修所に差し込む西陽がとても心地良い。研修も残すところあと1時間だ。石川さんのセッションをもって、3日間の3年目研修は終了となる。

昼夜を問わず、お互いに語り合い、考え抜いた3日間だった。参加する前は今更研修なんて受けても意味がないと思っていたが、この密度濃い3日間によって、見える景色は間違いなく変わった。短期間でも人間は変わることができるのだ。

一方で、自分のこれからのキャリアについて、具体的な解が出ているわけでもなかった。しばらくは今の組織でベストを尽くす。与党として、リーダーとして、精一杯頑張ってみるつもりだ。その過程で、「自分にしか見えない未来」が見えるようになれば――と思っている。しかし、まだまだぼんやりとしているのは確かだ。これだけでも大きな前進ではあるが、また職場に戻ったら不満たらたらの毎日に逆戻りという不安もあった。だからこそ、この研修の総括として、何らかの確固たる覚悟をしっかり決めた上で、研修所を後にしたかった。

この1時間が勝負だ。そのつもりで僕は石川さんのセッションを待っていた。

○　○　○

「さて、もう3日間の研修もあと1時間で終わってしまいますね。どうですか？　皆さん、自分のキャリアのこと、少しは考えることができましたか？」

答え方に戸惑っているみんなの様子を石川さんは確認しながら進める。

「ま、これは人それぞれですよね。キャリアって、あるタイミングで深く考えなきゃいけないんだけど、その適切なタイミングってみんな違うんです。だから、こういう形で一律に集めても、ジャストタイミングの人もいれば、全く関係ない人もいる。キャリアって聞いても、今はピンときていない人がいたとしても不自然じゃありません」

確かにヤマダは「キャリアというより目の前の仕事だ」という感じだった。

「今朝『リーダーシップの旅』という本を紹介したけど、その著者の一人である神戸大学の金井先生は、キャリアを『竹』に喩えています。『竹』に節目があるように、キャリアにも節目があると。節目の時は、精一杯キャリアのことをデザインする必要があるけど、節目を経たら、思うがままに漂流してみることも大切だ、ってね」

なるほど。僕はまさしく『節目』のタイミングでこの研修を受講できてラッキーだったのかもしれない。そして、もし転職直後にキャリア研修なんて機会があったとしたら、その内容がどれだけ良くてもノイズでしかないだろう。やはりタイミングは重要なのだ。

「金井先生は、さらにこうも言っているわ。『竹は節目があるからこそ、強くてしなやかなのだ』と。つまり、節目がなければ竹はポッキリ折れてしまうのね」

石川さんはおもむろにホワイトボードに向いて、竹のイラストをさらさらと描く。話は至って

キャリアはデザインとドリフトの往復だ

マジメだが、イラストのお陰で話もかなり柔らかく感じる。

「それはキャリアも同じ。つまり、節目のタイミングではたくさん悩むんだけど、その悩みがあるからこそ、強くしなやかなキャリアを築くことができるはず。深く悩まずにストレートで行っちゃって、40前後でその道行きが閉ざされたら……、それはもう人生のリセットボタンになってしまってもおかしくない。だから、若いうちに順調だった人ほど気をつけなきゃいけないんです」

石川さんは一旦言葉を区切る。

「そういう意味では、おそらく今現在キャリアの節目にぶつかっている人もいると思うけど、安心して思う存分考えて欲しい。その節目を謳歌するべきです。いろんなことに節操なく手を出して、時に大きく横道に逸れてみる。ひょっとしたら、『私、迷走しているかも』と感じる時もあるかもしれません。でもね、それくらいが節目としてはちょうどいいの。迷走しまくった私が保証するから」

石川さんの微笑みにつられて、僕も自然と笑みが溢れた。『節目を謳歌しろ』というのは、今の僕に対して、何と力強いメッセージなのだろう。

「ちなみに、今、自分が節目にいると感じている人はどれくらいいますか？」

石川さんがクラスに問いかけた。

僕も含めて、おそらく6割くらいが手を挙げたように思う。みんなの落ち着いた様子を見て、もっと少ないと思っていたが、表には出していないだけでみんな壁にぶつかっているのだ。

「なるほど……。それなりにいますね」

挙げた手を眺めつつ、石川さんは再びホワイトボードに向かって何か文字を書き始めた。

その文字は『ネガティブ・ケイパビリティ』と読めた。

「そんな節目にいる皆さんには、この言葉を意識してほしいわ。この『ネガティブ・ケイパビリティ』という言葉は、イギリスの詩人であるジョン・キーツが提唱した概念なんですけどね。平たく言うと『答えの出ない状態を抱え続ける力』ってこと」

答えの出ない状態を抱え続ける力……か。

「対極にある『ポジティブ・ケイパビリティ』というのは、問題解決力のような力のことね。問題を定義して、その答えをすぐに出し切る力。これは言うまでもなく重要。しかし、『ポジティブ・ケイパビリティ』しかない人は、すぐに答えを出すべきでない深くて複雑な問題に対しても、すぐに答えを出してしまうんです。スッキリしたくてね。でも、本来はそのモヤモヤとした状態に答えを出さないままホールドしておく、ということも時として必要なの。拙速に答えを出して、その時は気持ち良かったんだけど、後で取り返しのつかないことになったことって、ない？」

石川さんは僕の心の中を覗いているのではないかと思えてきた。僕もモヤモヤした状態を抱えるのが苦手だから、すぐに答えを出したくなる。

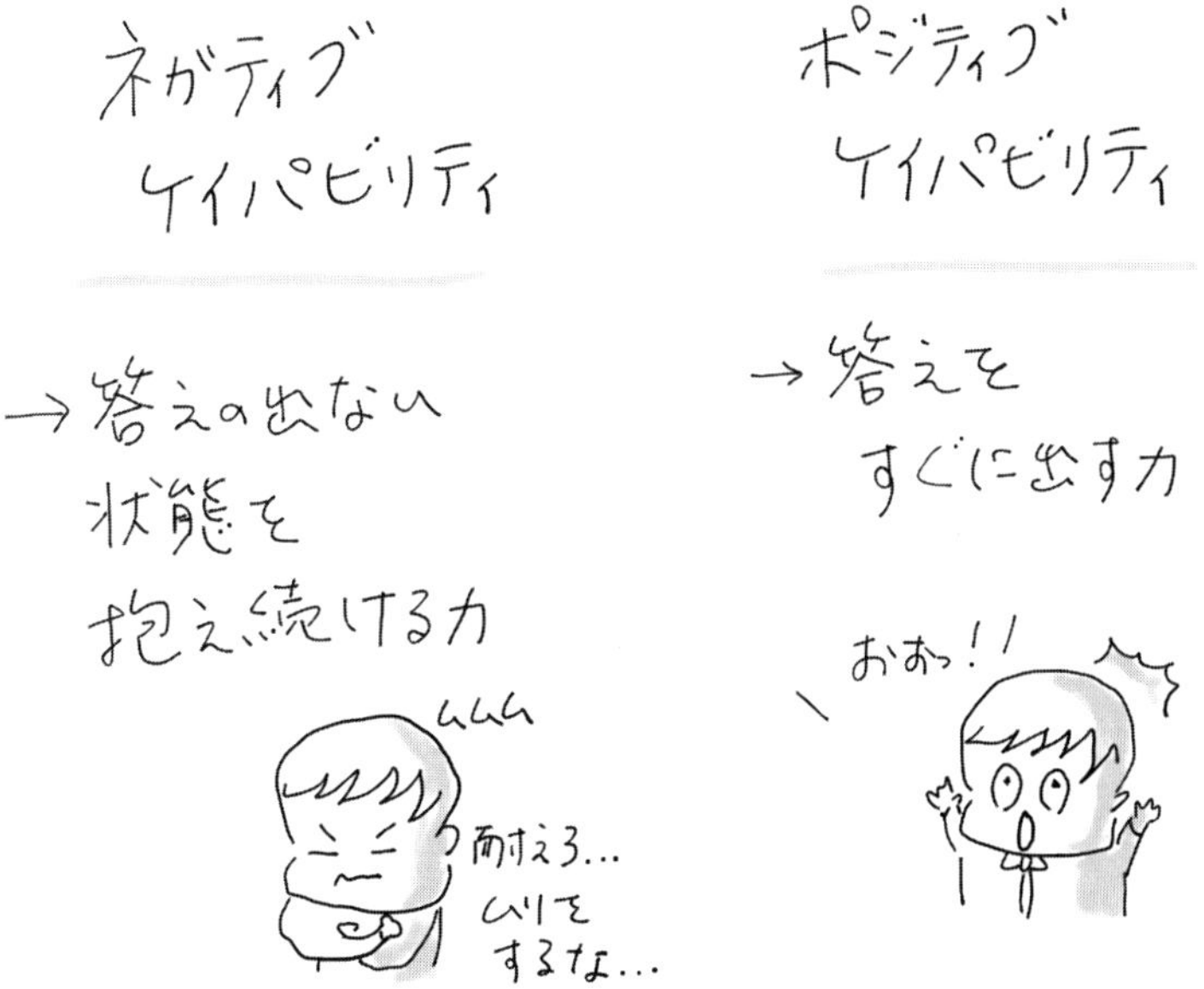
ネガティブ
ケイパビリティ
→答えの出ない
状態を
抱え続ける力
ムムム
耐えろ…
ムリを
するな…
ポジティブ
ケイパビリティ
→答えを
すぐに出す力
おおっ!!

「ポジティブ・ケイパビリティ」しかない人は、何でもすぐに答えを出してしまう

「言うまでもなく、キャリアもその典型です。みんなはこのモヤモヤした状態を何とかすぐに解消したいと思っているはず。でもね、自分が何者かなんてすぐにわかることではないし、答えなんて一朝一夕で出るものではありません。先ほど『節目の謳歌』という言葉を使ったけど、この手の問題は、そのモヤモヤした状態を楽しむくらいの感覚で抱え続けることが正解ってこともあるんです」

この発言を受けて、僕は納得しつつも疑問が浮かんできた。

「あの、その言葉を聞いてちょっと安心はしたのですが、一方でいつか答えというのが降りてくるのを待つしかないんでしょうか？　それもまた受け身すぎると思うのですが……」

石川さんはその問いかけを予想していたかのように、微笑みながら口を開いた。

「とっても大事な問いかけですね。もちろん答えを待つだけでは受け身すぎます。積極的に答えを出しに行かなくてはなりません。でも、答えを出しに行くことと、実際に答えが出ることには大きなタイムラグが生じるってことですね」

「ま、そんな抽象的な答えでは納得できないと思うので、ちょっと寓話も交えつつ、具体的に考えていきましょう」

これが最後の寓話か。そう思うとちょっと寂しい。

「この流れで紹介したい寓話は、『レンガ積み職人』の話です。みんな知ってるでしょう？　3

人のレンガ積み職人の話は」

　みんなも知っている様子だ。よく語られるストーリーだから認知度は高いのだろう。

「三人のレンガ積み職人が並んでいたんだけど、それぞれ何をしているのか、という問いかけをしたら全く違う答えが返ってきた、という話ですね。一人目は、『レンガを積んでいる』と言い、二人目は『壁を作っている』と。三人目は『人が祈る教会を作っている』と答えました。では、簡単な質問です。このストーリーの示唆は何かしら？」

　ミズノが真っ先に手を挙げた。

「目的意識の重要性ですね。レンガ積みの仕事を作業として捉えるのか、大きな目的を実現するための手段として捉えるのか。表面的には同じレンガ積みに見えますが、本人がどのようにこの仕事を捉えるかによって、仕事の質は全然変わってくる、ということでしょうか」

　ミズノの発言は毎回素晴らしい。一方で彼女もキャリアの節目だと手を挙げていた。彼女なりに悩んでいることもあるのだろうか。

「そう。まさにその通り。どこに目的を置くかによって仕事の質が変わるということ。言うまでもなく一番遠くを見つめている三人目の職人が、一番良い仕事をするはずですね」

　石川さんはぐるっと全体を見渡した。

「では、次に皆さんに質問です。皆さんは、職場で……『何をしているんですか？』」

　石川さんは敢えて『何をしているんですか？』という問いをゆっくり語った。

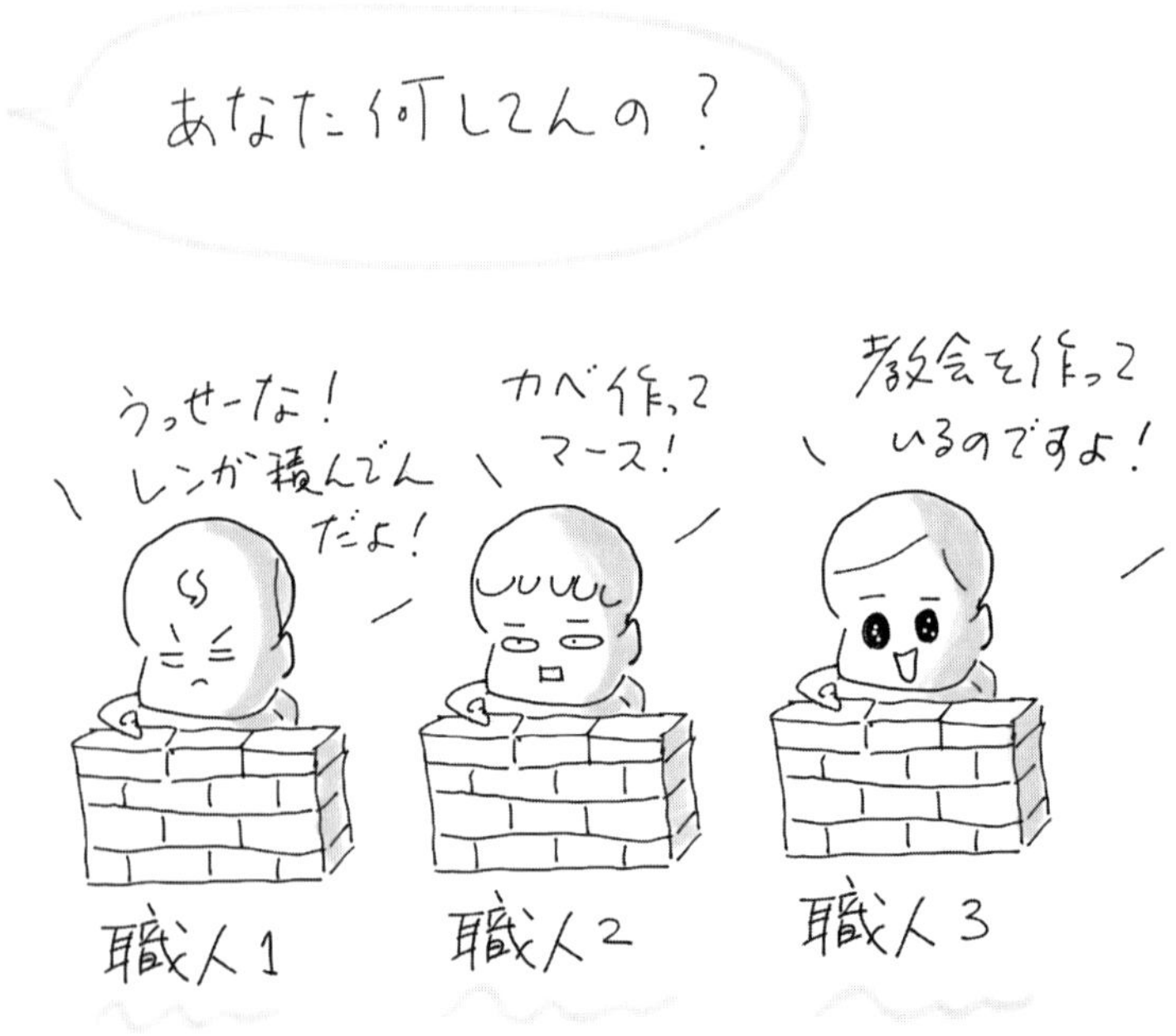

どんな目的を持つかによって、モチベーションと仕事のクオリティは変わる

え、僕は職場で何をしているのだろう……？　単にレンガを積んでいただけなのだろうか？

その時、石川さんが唐突に僕に目を向けてきた。

「そこで、サカモトさん。ちょっと前に出てきて」

「前に、ですか？」

唐突に前に出ることを促されて、動揺と緊張が一気に襲ってきた。僕には今、石川さんや仲間たちの期待に応えられるような気の利いた発言ができる自信がない。

「はいはい、そんな緊張しなくていいわ。大したことを聞くわけではないから」

と笑って言いながら、石川さんは僕をホワイトボードの前に導く。

「さて、ではサカモトさん、このホワイトボードの一番下の方に、あなたがやっている代表的な仕事の名前を一つ書いてみてもらえますか？」

「え、たとえばシステムの法人向け新規営業、とかですか？」

「そうそう。じゃあそれを書いて、ハコで括ってみて」

僕は言われるがままにホワイトボードに『システムの法人向け新規営業』と書いて四角で囲んだ。

「さて、次の質問。その仕事は何のためにやっているのかしら？　給料のため、ということではなくて、他者、つまり世の中にとってどんな意味があるのかしら？」

「え、世の中のための意味……ですか？　何だろう？」

「まあそんな難しく考えなくていいですよ。その仕事はお客さんのどんな役に立っているのでしょうか？」

「そうですね。導入していただいたお客さんからは、仕事がとても効率的になったと喜ばれています」

「なるほど、そうすると、その仕事は『お客さんの仕事の効率化』のためにやっているんですね。じゃあ、先ほどのハコの上に、その言葉を書いてみましょうか」

僕は、『新規営業』の上に『お客さんの仕事の効率化』という言葉を書いて四角で囲んだ。

「では、お客さんの仕事の効率化の目的って何なのでしょう？　効率化ってお客さんにとってどんな意味があることなんですか？」

「うーん、そりゃ、その仕事が効率化されれば、もっと価値のある仕事に時間を使えるからじゃないですかね」

「いいわね、じゃあそれをまた上に書いて」

僕は『もっと価値のある仕事への注力』と書いた。

「もう次の質問はわかるわね。『もっと価値のある仕事への注力』というのは、何のためなのかしら？」

「ええっと。何というか、各社がそうなっていけば、世の中が豊かになっていく、と言うか……」

「ＯＫ、いいわ。そうしたら、その言葉を書いてみて」

僕は言われるがままに、『豊かな世の中の実現』と書いた。

「はい、では豊かな世の中の実現は……何のため？」

「えー、言葉が続きません。なんだろう……世界平和のためでしょうか」

僕は半分ごまかしながらそんな言葉を口にした。

「ではいいでしょう。それを最上位に書いてみて」

僕は笑いながら、最上位に『世界平和の実現』と書いた。

「さて、新規営業からスタートして、5階建ての建物ができたわね。『目的のピラミッド』の出来上がり。まぁ最初にしては悪くない。いい感じ。そして、こうして見ると、サカモトさんの仕事は、世界平和の実現のためにやっていると言えるのね？」

僕の笑いにつられるように、クラスからは笑いが溢れた。

「あら、なんで笑うの？」

「いや、そりゃ、我ながらちょっと現実味がないかなと」

「そうなんです。この建造物をちゃんと見るためには、次に『ウソの線』を引くことが大切なの」

「『ウソの線』ですか？」

「そう。このピラミッドで、何階からウソっぽくなりましたか？　つまり、言葉遊びになっちゃっているのはどこから？」

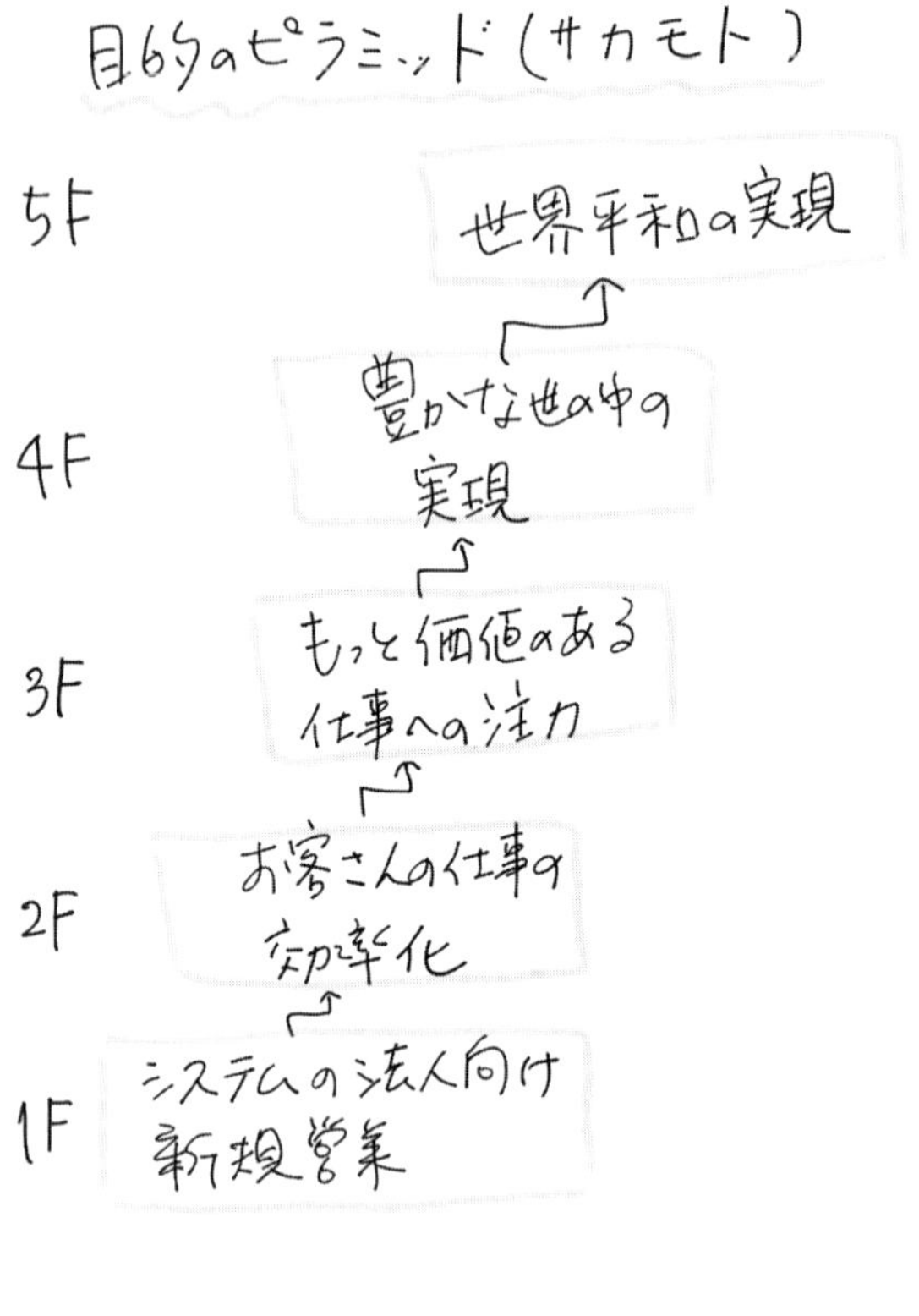

サカモトは「世界平和の実現」のために新規営業をしているのか？

「うーん、そうですね。そう言われてみれば、4階の『豊かな世の中』あたりからですかね」

「じゃあそこで線を引きましょう」

と言いながら、石川さんは3階と4階の間に線を引いた。

「サカモトさんの『目的のピラミッド』は、5階建てのように見えて、実は3階建て。つまり、サカモトさんの仕事の最上位目的は、『もっと価値のある仕事への注力』の実現ということになりますね」

僕は静かに頷く。

「ちなみに、この『価値のある仕事への注力』っていう言葉の意味はどういうことなのかしら？　具体的に語れる？」

「えーっと。はい、最初は僕もとにかく数字を稼ぐために営業していたんですが、導入後に実際にクライアントからお話を聞く機会がありまして。うちのシステムを導入してから、新規事業の検討に時間を使えるようになったというんです。詳しく聞いてみると、システム導入前までは本当に面倒臭い事務作業に時間を使っていたらしいんですよね。それがごっそりなくなって、攻めの時間が増えたって言ってくれました」

「いい話ね。サカモトさんは、システムで問題解決をすることで、お客さんの攻めの時間を増やしている、ということね」

「はい、そうなんです！」

僕はあたかも以前から考えていたかのように力強く言いながらも、実はここで石川さんと話すことで初めていろいろなことが繋がった。

「そうしたら、サカモトさんのこれからのチャレンジは、4階が何かを探ることね。お客さんの攻めの時間を増やすことがどんな世の中への貢献、つまり社会的意義に繋がっているのか。ここが自覚できて、ウソっぽくない言葉で語ることができれば、きっとサカモトさんの仕事はもっと面白くなるはず」

なるほど……。そして4階はすぐ見つかりそうな気がしてきた。

「どう？　上の階へ登っていくことで、今の仕事に対してもモチベーションが湧いてくると思わない？　1階建てで新規営業の仕事ばかり見ているよりも、3階から考えることで仕事の意味も違って見えるんですよ」

「はい、まさにそれを今、身をもって実感しています」

「そして、そうはいっても仕事の意味を見失う時が必ず来る。そういう時は、この『目的のピラミッド』をもう少しピラミッドらしく組み立ててみるんです」

「ピラミッドらしく、ですか？」

「そう。この図って『目的のピラミッド』と言いながら、ピラミッドらしくないでしょ？」

確かに三角形にはなっていない。

「では一緒にピラミッドらしくしてみましょう。たとえばね、新規営業の仕事に意味が見出せなくなってきたとしましょうか。何か数字ばっかり管理されてきてつまらない、とかね。たとえばよ」

石川さんには本当に心の中を覗かれているような気がする。

「そうした時に、階層を一つ登ってみるの。2階は『お客さんの仕事の効率化』ね。もしこれに対してサカモトさんが深く意味を感じているのであれば、これを実現する他の手段を考えてみるわけ」

「他の手段……？」

「そう。世の中には相手の仕事の効率化を助けられる手段はたくさんあるわ。そうすると、この2階の目的の下には、今のシステムの新規営業以外にもたくさんの1階の部屋が広がっている形になるんです。まるでピラミッドみたいに」

石川さんは、2階の『お客さんの仕事の効率化』を頂点にした三角形を描いた。

「もちろん、この頂点を3階にすれば、2階の部屋が広がって、それに伴って1階の裾野はもっと広がる……」

と言って、3階の『もっと価値のある仕事への注力』を頂点にして1階まで含めた大きなピラミッドを描いた。1階はかなり裾野が広がった。

僕は、昨日聞いた目的から分解する仕事術のことを思い出していた。この説明の時、石川さんは『この分解スキルはキャリアを考える時にも使える』ということをサラッと言っていたが、まさにこのことだということに今気づいた。

「こう見ると、何で今の仕事にこだわっているのかって思わない？　今の1階にある新規営業の仕事は、より上位の階層の目的を実現するための手段に過ぎないでしょ？」

僕は言葉を発することなく頷く。

「だったら手段にこだわらず、目的に素直になればいい」

目的に素直に……。

「で、でも手段とはいえ、そんな簡単に今の仕事を放棄するとかはできないじゃないですか」

ナガサワからの素早い反応が来た。

「もちろん、そんなことを簡単に言うつもりはありません。でもね、何が目的で、何が手段かを考えて欲しいわけ。そして、たとえばサカモトさんが今の新規営業をやるのであれば、たくさんオプションが広がる中で、自分がそれを手段として『意図を持って選んでいる』という自覚を持つことが大切なんです」

意図を持って選んでいる、という自覚、か。僕はその言葉を心の中で繰り返した。

「ほら、見て。これだけ手段としてのオプションが広がっているうちで、今の仕事はその手段の一つに過ぎないんですよ」

石川さんはホワイトボードを使って1階の裾野の広がりを再度強調する。

「繰り返すけど、皆さんにとって大事なことは、目的であって手段ではありません。もし3階ま

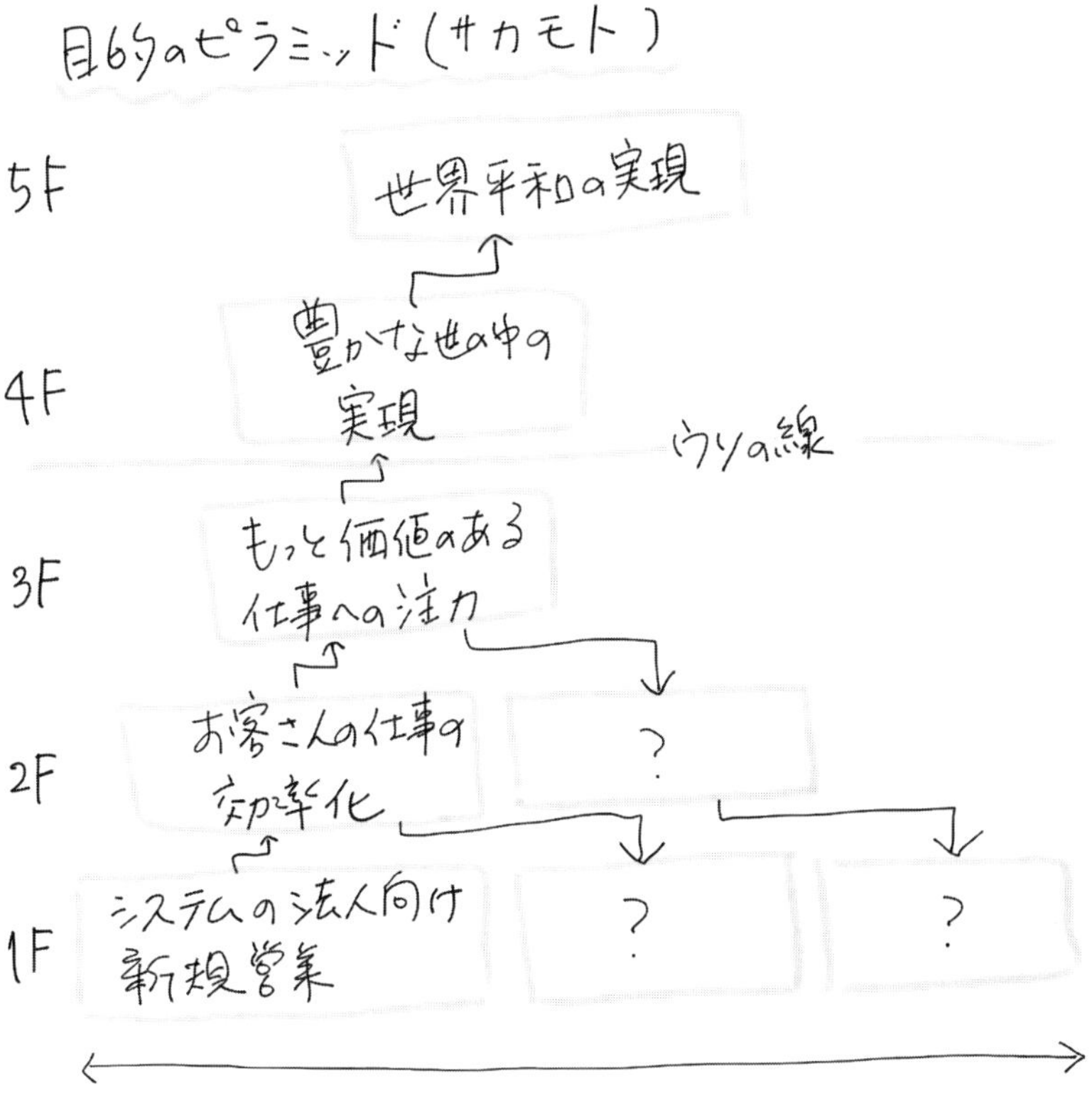
目的のピラミッド（サカモト）
5F
世界平和の実現
4F
豊かな世の中の実現
ウソの線
3F
もっと価値のある仕事への注力
2F
お客さんの仕事の効率化
?
1F
システムの法人向け新規営業
?
?

でが自分が信じられるラインなのであれば、3階の目的に対して素直に生きて欲しい。それ以外のことは全て手段でしかないのだから」

石川さんはみんなに向けて語った。

手段にこだわるな――。何かが僕の中でストンと落ちた気がした。僕は今まで手段にこだわりすぎていて、目的が何かなんてまともに考えたことはなかった。


「さて、『ネガティブ・ケイパビリティ』って言葉を先ほど使いましたね」

石川さんはホワイトボードに書いたその言葉をグルグル囲みながら語る。

そういえば、そんな言葉をきっかけにレンガ積み職人の話になり、そして『目的のピラミッド』にたどり着いたのだった。

「皆さんに『答えの出ない状態を抱え続ける』ということの重要性を伝えました。でもそれに対して、答えが降ってくることをただ受け身で待てば良いのかという疑問が出てきた。もちろんそうではない。積極的に答えを出さなくちゃいけない。じゃあ何をすべきか？　それが、この『目的のピラミッド』を作って具体的に考え続けることなんです」

僕は引き続きホワイトボードの前に立ち、みんなに向き合う石川さんの横顔を見つめ続けながら次の言葉を待っている。

「低階層の話は、答えはすぐ出せます。たとえば1階は、『あなたの仕事は何？』ですからね。

でも、階層が上がるにつれて、話が抽象的になっていって、よくわからなくなってくる。どう？　そんな感覚なかった？」

石川さんが急に横を向いて僕に話しかける。

「え、あ、はい。何か上に行けば行くほど言葉が上滑りしていくというか……」

「そうですよね。4階とか5階に行けば行くほど答えに力はなくなってくるし、そもそも答えなんて存在するのかも怪しくなってくる。でも、考え抜いた結果、『これだ！』という言葉を与えられたとしたら――それは皆さんにとって大きな力になる。そのために自分は生きているんだ、と言えるくらいに」

話は徐々にクライマックスに向かっていた。

「でも、これこそが自分の人生の意味だと思うのも束の間、実はその上の階があることに気づくんです。今の『人生の意味』というものは、もっと大きなものの手段に過ぎないと。つまり、この『目的のピラミッド』というのは永遠に未完成なんです」

石川さんは微笑む。石川さんも未だにこのピラミッドに向き合っているわけなのだろう。

「そして、みんながこの答えの出ないピラミッドに、辛抱強く向き合い続けて欲しいと願っています。『ネガティブ・ケイパビリティ』を活かしてね」

石川さんはみんなを見回しつつ、最後に横にいる僕に視線を向けた。

「サカモトさんは、この研修の初日にいきなり『転職』という言葉を出してみんなを驚かせましたね」

石川さんは微笑みながら続ける。

「転職するかどうかはわかりませんが、今サカモトさんの頭の中は、これからどういう道に進むか、という問いでいっぱいかもしれない。早く答えを出して楽になりたいですよね？」

僕は静かに頷く。

「でも、それは所詮は1階の話。今日は即興でやったこの『目的のピラミッド』を、一度ゆっくり自分で時間を取って考えてみてください。おそらくピラミッドそのものは完成しないと思うけど、ピラミッドを真剣に考えたのであれば、どういう道に進むべきかという問いの答えは簡単に出るはずですから」

「……はい、そんな気がしています。ありがとうございます」

「じゃあみんな、サカモトさんに拍手」

僕はみんなの拍手を受けながら席に戻った。

「さあ、それでは時間になったので、研修のクロージングに入りましょう」

石川さんがゆっくり語った。

僕は自分の席に戻り、自分が描いた『目的のピラミッド』を客観的に見つめていた。僕はついさっきまでは必死にレンガを積み上げていた職人だったのかも知れない。でも……。僕はもっと大きい何かを作っているのだ。そして、その何かを定義できるのは僕しかいないのだ。

ホワイトボードを見ながら、僕はこの続きを早く考えたかった。

窓の外は、次第に街灯が点《とも》り始めていた。

3年目研修　石川さんセッション

6

目的のピラミッドと『レンガ積み職人』

○キャリアには「節目」がある。「節目」では、思う存分脇道にそれて、その期間を謳歌してみる。それがその後の人生に繋がってくる

○「ネガティブ・ケイパビリティ」とは、答えのない状態をホールドする力。答えの出せない問いは、無理に答えを出さなくても良い

○キャリアの問いに答えるには、「目的のピラミッド」を作ってみる。自分にとって何が最上位の目的なのかがわかれば、後は全て手段になる

僕にとってはまず「目的のピラミッド」の4階を作ることだ。こだわるべきは目的だ。自分の人生の目的は何か？　焦らずに答えを出すぞ！

エピローグ

「さあ、長かった3日の研修も、終わりになりました」

石川さんが時計を見ながら語る。

「みんなには新入社員研修の時からいろんなことを伝えてきたけど、こういう話をするのはもう今日が最後かもしれませんね」

時計は終了時刻を若干過ぎている。もう終わるのか……。

「今回の3年目研修の大きなテーマは『キャリア』ということだったけど、どうでしたか？　簡単には答えの出ない問いだらけだったと思うけど、それでも何かヒントが見つかっていれば嬉しいです」

石川さんはふと遠くを見つめながら話し始めた。

「スティーブ・ジョブズがスタンフォード大学の卒業式でスピーチをしました。キャリアというものは、後付けでできあがるものだと。ジョブズ自身、学生時代にアップルのようなイノベーティブな会社を創るなんて想像していなかったのだけど、今、結果を振り返ってみると、やってきたことが全て繋がっているように見える、と。これを『コネクティング・ザ・ドッツ』という表現で伝えたんです。つまり、今打っているドットの意味はわからないかもしれないけど、後からドットは必ず繋がる日が来る。だからそれを信じて前に進め、という素敵なメッセージなんです」

その話は僕も聞いたことがある。あの話からは僕も勇気をもらった。

「私はね、それを星座に喩えて話しているんです。みんな『こいぬ座』って知ってます?」

こいぬ座? 一体何の話だろう。

「プロキオンですか?」

意外なことにヤマダが答えた。

「すごいわ。ヤマダさん、ひょっとして星座マニア?」

「はは、僕こう見えて星座大好きなんです」

「じゃあ、ヤマダさんならこいぬ座がどういう星でできているか知ってるわね?」

「えーっと、確かプロキオンともう一つの星でできているんでしたっけ?」

「そう、もう一つはゴメイサという星なんだけど、ゴメイサとプロキオンの二つでこいぬ座なの」

石川さんはホワイトボードにおもむろに二つの点を描いて、その外側に子犬の絵を描いた。

「ね、笑っちゃうでしょ。この二つの点でこいぬ座よ?」

僕はこいぬ座がこんな星からできているとは全く知らなかった。

「でもね、星座ってみんなこんな感じなの。私は8月生まれの乙女座なんだけど、あれも星の並びだけから考えたらどうやっても乙女とは言えませんね――。で、私はここに『キャリア』との共通点を見出しているのです。つまり、仕事上の一つひとつの経験は1個の星のようなもの。でも大事なのは、星がある程度溜まってきたら、自分で『これは何座だ』と言い切ってしまうことなんです。星がちゃんと並んでなくてもいい。こいぬ座のいい加減さを思い出して。大事なの

こいぬ座のフシギ

こいぬ座はたった2つの星で構成されている

は、そのランダムのような点の集合が自分にとって何が見えるのかってことなんです」

なるほど、自分が何者であるか、何の専門性で生きていくのか、ということは、先に自分で言い切ってしまえばいいのか。以前、石川さんが言っていた『一人称』という言葉にも通じる。

「無理矢理でも良いからそれが星座の形に定義できたら、次はその形が正しく見えるように、足りないところに意図的に星を置いていけばいい。子犬と言いながらも足が見えないと思ったら、足のところに星を打っていけばいいんです」

なるほど。後付けで星を打つ、か。

「どう？　星座から考えるキャリア論。言っていることはジョブズと似ているんだけど、ちょっとロマンチックでしょ？　私が夜空を見ながら考えついたことなんだけど、気に入ったら使ってみてくださいね」

石川さんはリラックスした表情で微笑む。

「星はたくさんあればあるほど形を想像しやすくなる。たった2つだけで子犬と想像できる強者もいるけど、やっぱり星はそれなりにあった方がいいですからね。だから、今は意味がわからないかもしれないけど、皆さんには出来るだけ多くの経験をしてほしいんです。やがて、その意味のわからない星の集まりが、ふとした拍子に何かの形に見えてくるかもしれないから」

その言葉は僕の中にストレートに届いた。

今までモヤモヤしていた気持ちがスッと晴れるような気がした。

「さ、これで3年目研修は終わりです。また次、いつ会えるかわからないけど、また成長した姿にお目にかかれることを期待しています。そして、当然私も成長できるように頑張ります。じゃあまた」

石川さんはそう言い残して去っていった。

石川さんを見送るために振り向くヤマダと目があった。ヤマダの目には希望が溢れていた。きっと僕もそんな目をしているのだろう。

まだまだ多くの問いが僕らには残っている。僕もヤマダも置かれた環境は3日前から何一つ変わっていない。にもかかわらず、心持ち一つで、こうも見えてくる世界が変わるのだ。

去りゆく石川さんの背中を見送りながら、このタイミングで石川さんに会えたことに心から感謝をした。

そして、僕は窓を開け、既に暗くなった空を眺めた。

さて、明日からまた長いキャリアがスタートする。僕はこの人生を通じて、この空にどんな星座を描いてやろうか。

期待に僕の心は弾んでいた。

あとがき

「石川さんは今の荒木さんで、サカモトくんは過去の荒木さんがモデルなんでしょうか?」

この作品に事前に目を通していただいたモニター読者の方から、こんなご質問をいただきました。

答えは「Yes」。

必ずしも「モデル」とまでは言い切れませんが、石川さんやサカモトくん(もしくはその他の同期の皆さん)に自分の経験を乗せて書いた部分は数多くあります。

大企業からキャリアをスタートした私は、サカモトくんと同じように、心の中でいつも他者と比較をしながら、もしくは他者からの評価を意識しながら、「焦り」を感じていました。そんな私が、ようやく他者から解放され、「自分らしく」生きられるようになったのは、石川さんと同じように40歳を過ぎてからのような気がします。

そして、気づけば人にいろいろなことを教える立場になっていることも、そしてまだまだこれからの自分の人生の展開を楽しみにしているというのも、石川さんと同じ。

そういう意味では、石川さんやサカモトくんに私自身を投影していることは間違いありません。

とはいうものの、あくまでも一部の共通項があるだけであり、これから彼らには新しい人生がまた展開していくでしょう。私が作り上げたキャラクターではありますが、私にとっては既に息づいている一つの人格でもあります。小説家の方が「キャラクターが勝手に動き出す」と語ることをよく耳にしますが、執筆中はまさにそんな感覚であり、執筆が終わった現時点では、彼らのこれからの人生の成功を祈る気持ちでもいます。本当に不思議なものですね。

サカモトくんはこれから職場で大いに壁にぶつかってもらって、一皮も二皮も剝けて欲しいと思いますし、石川さんは役職にこだわらずにまだまだ成長していって欲しい。個人的に先行きが心配なのは、カザマくんかな……(笑)

そして、この本の一つの特色には、「寓話」があります。寓話を使おうと思った背景には、この書籍の中のメッセージの一つである「三人称から一人称へ」というニュアンスを伝えるところにあります。

寓話というのは、一般的には強いメッセージ性があります。たとえば、『アリとキリギリス』であれば、「勤勉に働くことの美徳」というメッセージが裏側にあります。このように第三者が決めたメッセージを、わかりやすいストーリーを通じて受け止める、というのが寓話の通常の使い方です。

しかし、そんなメッセージ性の強い寓話でさえ、いろいろな読み方(積極的誤読)ができるのです。当事者として考え抜けば、自分なりのメッセージを読み解くことができる……そんなことを伝えるために、寓話というのは格好の材料でした。

もちろん、その先に伝えたかったのは、「私たちの人生も十分誤読可能である」ということです。誰かが「こう生きろ」とか「かくあるべし」というメッセージを伝えてくるかもしれない。でも、一人称で考えれば、そんな誰かのメッセージすら転換できる……そのような自分なりの人生を考えるためのツールとして、寓話を使いました。「いや、この寓話はもっと違う読み方がある」というご意見もあると思います。そういうご意見は大歓迎です。この書籍に書かれた寓話の解釈はあくまでも石川さん（つまり私）の考えであるわけで、その通りに飲み込む必要はないのですから。そして、その延長にある自分自身の人生も、「もっと違う読み方がある」と解釈していただけると嬉しいです。

さて、最後になりますが、この書籍を作る過程では多くの皆さんにお世話になりました。

この本は、一旦仮原稿を作った段階で、モニター読者の方を募り、たくさんのフィードバックを受けて推敲を重ねてきました。結果的に、モニター読者の方からのフィードバックは数え切れないくらいの数になりましたが、全て的確なご意見であり、その多くを反映させていただきました。

そして、この石川さんのメッセージは、私の数多くの現場接点での対話が種になっています。そういう意味で、Ｖｏｉｃｙの「荒木博行のｂｏｏｋ ｃａｆｅ」リスナーの方、グロービスで私のクラスを受講いただいた方、ｆｌｉｅｒ ｂｏｏｋ ｌａｂｏに所属の皆さんは、石川さんのメッセージの産みの親と言えるでしょう。これらのサービスに接点のあった多くの皆さんに改めて感謝します。

また、この書籍のアイディアを一緒に考えていただいた文藝春秋の担当編集者である山下さんは、私に白羽の矢を立てていただき、こんな構想に最後までお付き合いいただきました。感謝してもし切れません。

最後に、私の大切な家族である昌子、創至、大志に。執筆作業は二人の息子たちの受験やその後のコロナ騒動の時期に重なりましたが、その過程でみんながそれぞれの苦悩に立ち向かう姿は、この書籍のメッセージに少なからず影響があったと思います。それぞれが大変な時期だったけれど、陰ながら支えてくれたことに感謝してます。

この本を手に取った皆様が、それぞれの「星座」を作れますように。

荒木博行

荒木博行 Hiroyuki Araki

株式会社学びデザイン 代表取締役社長

慶應義塾大学法学部政治学科卒業後、住友商事入社、人材育成に関わる。その後、グロービスに入社。法人向けコンサルティング業務を経て、グロービス経営大学院でオンラインMBAの立ち上げや特設キャンパスのマネジメントに携わる。2015年、グロービス経営大学院副研究科長に就任。2018年、同社を退社後、株式会社学びデザインを設立し、代表取締役に就任。株式会社フライヤーアドバイザー兼エバンジェリストやNewsPicks エバンジェリストも務める。武蔵野大学教員。著書に『見るだけでわかる! ビジネス書図鑑』『見るだけでわかる！ビジネス書図鑑 これからの教養編』（ディスカヴァー・トゥエンティワン）、『世界「倒産」図鑑』（日経BP）など。

ブックデザイン
小口翔平＋喜來詩織＋三沢稜（tobufune）
イラスト
荒木博行
DTP制作
福田正知

藁《わら》を手《て》に旅《たび》に出《で》よう
〝伝説《でんせつ》の人事部長《じんじぶちょう》〟による「働《はたら》き方《かた》」の教室《きょうしつ》

2020年9月20日　第1刷発行

著　者　荒木《あらき》　博行《ひろゆき》

発行者　島田真
発行所　株式会社　文藝春秋
〒102-8008
東京都千代田区紀尾井町3-23
電話　03-3265-1211（代表）
印刷所　大日本印刷
製本所　加藤製本

ISBN 978-4-16-391264-6